东盟国家财经素养教育丛书

韦春北◎主编
刘红宇◎副主编

MALAYSIA

马来西亚

财经素养教育

（越）裴春梅 主编

中国财经出版传媒集团
中国财政经济出版社

图书在版编目（CIP）数据

马来西亚财经素养教育／（越）斐春梅主编．—北京：中国财政经济出版社，2019.5

（东盟国家财经素养教育丛书）

ISBN 978－7－5095－8955－7

Ⅰ．①马… Ⅱ．①斐… Ⅲ．①财政经济－素质教育－马来西亚 Ⅳ．①F813.38－4

中国版本图书馆 CIP 数据核字（2019）第 068658 号

责任编辑：张怡然　　责任校对：黄亚青

版式设计：丁丁图文　　责任印制：张　健

中国财政经济出版社出版

URL：http://www.cfeph.cn

E－mail：cfeph@cfeph.cn

社址：北京市海淀区阜成路甲 28 号　邮政编码：100142

营销中心电话：010－88191537

北京中兴印刷有限公司印刷　各地新华书店经销

880×1230 毫米　32 开　6.75 印张　111 000 字

2019 年 5 月第 1 版　2019 年 5 月北京第 1 次印刷

定价：35.00 元

ISBN 978－7－5095－8955－7

（图书出现印装问题，本社负责调换）

本社质量投诉电话：010－88190744

打击盗版举报热线：010－88191661　QQ：2242791300

马来西亚财经素养教育
编写委员会

主　　编：裴春梅

参编人员：黄　毓　米胤嘉　祝　凡

绘　　图：梁雪儿

本书系教育部人文社会科学规划基金项目“‘一带一路’背景下中国—东盟高等教育合作运行机制和绩效评价研究”（17YJA880080）的成果之一。

本书系国家社科基金2013年青年项目“促进2012—2020年城乡居民收入翻番的教育投入机制研究”（13CJY112）的阶段研究成果之一。

本书系广西哲学科学规划研究课题“‘一带一路’背景下广西制造业迈向全球价值链中高端的机制及对策研究”（18CJY001）的成果之一。

本书系全国教育科学规划单位资助教育部规划课题“高等教育精准扶贫政策范式研究：基于贫困大学生扶志扶智效果评估数据”（FIB180531）的成果之一。

本书系广西（东盟）财经研究中心资助课题“社会融入视角下中国—东盟跨境人口流动影响研究”（X1-21-14-03-001-007）的成果之一。

PREFACE

序

经济全球化背景下，财经素养已经成为各国公民综合素养的重要组成部分，也成为衡量一个国家经济软实力的重要标尺。在当今时代，财经素养水平不仅关系着公民个人及其家庭的财务健康与生活质量，更关系着国家经济的安全与发展，甚至关系着全球金融的稳定。

在全球五十多个国家和地区已经将财经素养教育提升为国家战略的时候，我国财经素养教育及其研究刚刚起步。中国财经素养教育协同创新中心 2018 年 1 月组织研制并发布的《中国财经素养教育标准框架》使我国财经素养教育研究跨出了重要一步；《东盟国家财经素养教育丛书》的编写出版，是深化我国财经素养教育研究的重要一步。

就财经素养教育的国际比较而言，我们对东盟国家财经素养教育的关注还远远不够。但是，随着新时期我国与东盟国家的联系越来越密切，国家之间的贸易往来更加顺畅，民众之间的经济交流也更加频繁，东盟国家以及我国公民的财经素养及其教育被提到了更高的关注度上。我国公民在提高自身财经素养的同时，也要了解东盟国家公民的财经素养状况，以有效推进双方加深了解、加强交流、扩大贸易往来。为此，财经素养教育的重要性更加凸显，财经素养教育的国别研究也迫在眉睫。

中国财经素养教育协同创新中心广西分中心策划与组织编撰的这套《东盟国家财经素养教育丛书》，有针对性地介绍东盟不同国家的财经素养教育相关情况，无疑弥补了财经素养教育国别研究的不足。该丛书通过聚焦东盟国家，着力于东盟各国财经素养教育内容的汇编，分类细化进行财经素养及其教育的介绍，以帮助读者了解东盟国家所关注的财经素养内容以及这些国家公民的财经素养水平状况。同时，读者也可从中用一种代入体验去感受自身的财经素养水平。该套丛书具有很好的可读性。

该套丛书只是财经素养教育国别研究的一个方面、一种探索，但却为我们打开了财经素养教育国际开放研究的视野，将对我国财经素养教育的发展提供参考，尤其是在推动我国财经素养教育实践方面具有很好的借鉴价值。

是为序。

中国教育科学研究院高等教育研究所所长、教授
中国财经素养教育协同创新中心主任
张男星

CONTENTS

目录

第二部分　马来西亚财经素养教育内容

FOREWORD

前言

随着经济、金融的迅速发展，公民的经济参与度不断提高，最为显著的特征是金融、理财、投资已经走进千家万户，成为普通百姓参与经济生活的一种重要方式。金融行业每天提供大量的、多样化的金融产品供民众选择，民众则需要依赖相关的信息、知识、技能与技巧，根据自身的需求选择合适的产品。相关知识与技能的匮乏，使中国民众提升自身财经素养的需求不断增长，同时也推动着财经素养教育的发展。

近年来东盟国家与中国的联系越来越密切，双边贸易往来逐渐增多。加深对东盟国家的了解，引起了中国民众的兴趣。了解东盟国家公民的财经素养教育情况，不仅是了解东盟国家的一个窗口，也是提高自身财经素养水平的一种途径。正是基于这样的考虑，中国财经素养教育协同创新中心广西分中心编写了《东盟国家财经素养教育丛书》，本套丛书以介绍东盟国家财经素养教育的背景、政策、教育框架与内容为主，旨在较为全面地向读者呈现东盟国家财经素养教育发展情况，期望读者能够从中受益。

本书内容主要参考马来西亚的财经素养教育经典教材《金钱知识》和《力量！》。前者主要向读者提供关于个人财务管理的相关知识，后者则向读者提供如何做出正确财务决策的财务规划方案的相关知识。编者对《金钱知识》《力量！》的内容进行整理与编辑，将符合中国国情的案例提供给中国读者，在不影响内容的前提下对一些表述进行了调整，比如在本书中涉及马来西亚的货币“林吉特”，为方便中国读者的阅读和理解，我们以“元”代替了“林吉特”。另外，我们也增加了马来西亚其他权威机构（如马来西亚国家银行、iMoney 等）关于财经素养知识的讲解，希望能够让读者了解更多财经素养的知识，对个人的财务管理、债务管理等有更多的认识，从而更好地做出明智的财务决定。

第一部分

马来西亚财经素养教育概况

第1章

马来西亚推行财经素养教育的背景

马来西亚的财经素养教育从2009年开始得到普遍的推广，至今已经有10多年的时间。与美国、新加坡、英国等发达国家推广财经素养教育目的不同，这些国家的财经素养教育推广是属于前沿型的，而马来西亚的财经素养教育是属于危机导致型的一种教育政策。马来西亚政府推广财经素养教育的动力主要来自以下几个方面。

一、经济的不稳定

1997年亚洲金融危机的爆发使马来西亚的经济受到严重影响，马来西亚政府对危机的应对和治理在经过初期的调整后基本算是成功的，但危机对策并不完全适合恢复期的经济发展需要。因而，从遭受危机的打击到目前基本恢复，马来西亚经济经历了持续的调整，但实际上基本发展趋向并没有大的变化(《东亚经济蓝皮书》，2000—2005，2006）。

2009 年，马来西亚政府提出了新的经济模式，其中经济发展的目标是努力将马来西亚转型成为可持续发展的高收入经济体。然而，2015 年，马来西亚的经济与政治再一次受到巨大的冲击。马来西亚的经济已经逼近 1997 年亚洲金融危机的边缘（环球网，2015）。数据显示，在 2015 年 9 月 2 日 1 美元可以兑换 4.34 林吉特[①]，这是自 1998 年来林吉特首次跌破 1 美元兑 4 林吉特大关。经过政府的努力，2017 年，马来西亚经济恢复到基本稳定的状态，林吉特与美元之间的汇率保持在 1 美元兑换 4.09 林吉特。从上述经济发展背景来看，马来西亚的经济存在着比较大的波动性。

二、高水平的个人与家庭债务

马来西亚的经济波动大，金融市场复杂，金融产品的数量和种类越来越多，但是在质量上难以保证，生活成本增高

---

① “林吉特”为马来西亚的货币名称，按照2018年12月14日的数据，1林吉特 = 人民币 1.6482 元。后文均以“元”代替“林吉特”。

等因素使马来西亚消费者对个人和家庭的财务管理的需求不断增加，如何消费、储蓄、投资和风险管理成为马来西亚人日益关注的问题。

过去十几年，马来西亚的家庭债务水平以每年12.7%的惊人速度增长，2013年12月家庭债务已占GDP的86.8%，使马来西亚成为亚洲家庭负债水平最高的国家之一（The Star，2014）。马来西亚家庭的偿债率已达到43.5%，高于可接受的30%。这意味着马来西亚家庭平均每月可支配收入的五分之二用于偿还贷款（The Star，2014）。导致经济困境的原因有很多，不良的财务行为通常伴随着个人财务问题（Lusardi & Tufano，2009）；高债务、低收入和低财经知识水平等财务问题的组合都可能对个人和家庭的财务产生不利影响。这些影响个人与家庭财务的因素不仅只针对低收入或中等收入的个人和家庭，对高收入人群的影响也很显著。为了不断实施有效的消费者金融教育，马来西亚国家银行进行了一项调查，以衡量马来西亚消费者的财务能力水平（马来西亚国家银行，2015）。

三、低水平的财经素养教育

放眼全球，财经素养教育已经成为广为人知的概念，特别是在发达国家，如美国、加拿大、澳大利亚等。然而，在亚太地区财经素养教育尚未得到广泛的发展。2016年经济合作与发展组织（OECD）发布的亚太地区财经教育政策的报告（*Financial Education Policies in Asia and the Pacific*）对亚太地区部分国家和地区的财经知识认识进行了分析。马来西亚人民的财经素养水平仍然较低，从而影响个人和家庭的财务状况。马来西亚的受访者对复合利息和金钱时间价值相对了解，但对于财经的基本知识，如多元化、利率、通货膨胀、金融和银行产品、风险多元化基本不太了解。[①]

① 在对2500名受访者的调查中，只有31.4%回答对了利率问题，68.6%回答错误。就通货膨胀而言，39.5%的受访者回答正确，60.5%的受访者回答错误。在银行和金融产品方面，27.5%的受访者对股票和债券问题回答正确，72.5%的人无法正确回答问题。对风险多元化问题，28.4%的受访者做出了正确回应，71.4%回答错误。

第2章

马来西亚财经素养教育体系

马来西亚的财经素养教育是由政府提出来，从 2010 年起被纳入国家经济发展的战略中。在落实方面，由马来西亚国家银行、教育部、相关社会组织共同努力推动。

一、马来西亚国家银行

马来西亚政府将财经素养教育开展的任务交给了马来西亚国家银行。该银行的任务为：（1）制定关于财经素养教育的国家政策；（2）制定财经素养教育的战略方向；（3）确定财经素养教育的目标群体和优先领域；（4）制定马来西亚财经素养教育的标准与内容。马来西亚国家银行将与各行业及机构共同合作开展财经素养教育。马来西亚国家银行[①]除了与其国内的其他行业与机构合作开展财经素养教育，还负责与国际财经素养教育的组织合作推广财经素养教育，其中，与OECD[②]的合作最为突出。马来西亚国家银行与OECD的合作主要通过研讨会、财经素养调查、研究报告等形式开展。在OECD的支持下，马来西亚的财经素养教育获得了不少成果。

马来西亚国家银行于2003年启动了马来西亚消费者教育计划。该教育计划主要集中在银行和保险的产品及服务相关知识的教育。消费者教育计划提供了适合目标群体的材料，如零花钱小册子、家庭财务管理小册子等。马来西亚国家银行还推出了“银行信息”（Bankinginfo）、“保险信息”（Insuranceinfo）、信贷咨询和债务管理机构作为银行信息、财务信息以及保险信息的信息推广平台。

---

① 马来西亚国家银行（马来西亚中央银行）是一个法定机构，于1959年1月26日开始运作。马来西亚国家银行的作用是促进马来西亚的货币和金融稳定，这旨在为马来西亚经济的可持续增长提供有利环境。马来西亚国家银行的货币政策立场是维持价格稳定，同时保持对增长的支持，该行也负责金融体系的稳定。这是通过建立一个健全、有弹性、进步和多样化的金融部门来实现的。该银行在实施深化和加强金融市场（包括外汇市场）方面发挥着重要作用。马来西亚国家银行就宏观经济政策和公共债务管理提供建议。马来西亚国家银行也是发行马来西亚国家货币和管理国家储备的唯一机构。

② OECD为经济合作与发展组织的简称，2003年，该组织成立了金融教育项目（the Financial Education Project），以响应其成员国对提高消费者财经素养日益增长的需求。

“银行信息”网站（如图 2-1 所示）向消费者提供包括金钱的管理、债务管理、投资结构、贷款等与银行业务相关的知识。

图 2-1 “银行信息”网站页面

“保险信息”网站（如图 2-2 所示）以清晰、简单的方式，提供有关保险的产品和服务、重要条款和条件、消费者权利和责任的信息；指导消费者在对保险公司经营者的服务不满意的时候，如何寻求咨询和帮助以维护自身权益。

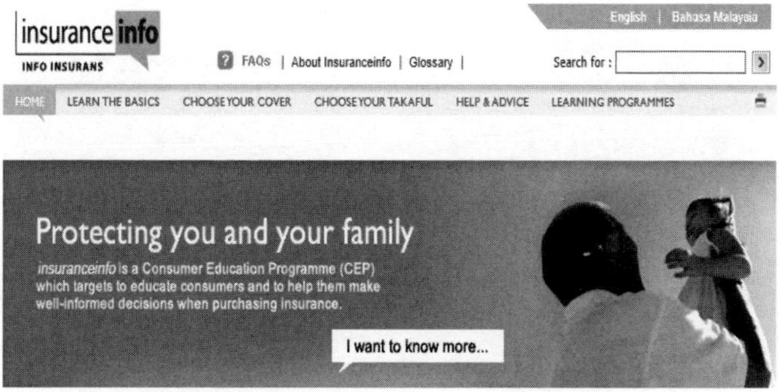

图 2-2 “保险信息”网站页面

图 2-3 信贷咨询和债务管理机构

信贷咨询和债务管理机构（The Credit Counselling and Debt Management Agency，简称 AKPK）是由马来西亚国家银行于 2006 年 4 月成立的机构（如图 2-3 所示），以帮助个人管理他们的财务状况，同时帮助消费者做出明智的财务决定。AKPK 的业务分为财经素养教育、财经资讯、债务管理三个内容。与银行信息、保险信息两个网站不同，AKPK 除了网上信息推广还向消费者提供线下服务，包括开展财经素养培训班以及在线财经咨询。在马来西亚银行的支持下，AKPK 于 2008 年出版了《金钱知识》（*Money Sense*，如图 2-4 所示）和《力量！》（*Power!*，如图 2-5 所示）两本财经素养读物，这两本书成为马来西亚财经素养教育的重要教材。

图 2-4 《金钱知识》

图 2-5 《力量！》

马来西亚国家银行在自己的网站上也设计了金融教育与金融意识的栏目。该栏目经常推出金融教育的文章，如：网上银行安全教育、如何启动支付卡、汽车保险收费自由化等。

二、社会组织

除了政府监管的机构推动之外，马来西亚的社会组织也积极参与马来西亚财经素养教育的推广工作。如果说马来西亚政府更注重年轻一代的财经素养培养，那么，马来西亚的社会组织的目标群体则较为广泛，覆盖年轻人、成年人、退休人员等群体。在社会组织中，像银行、信用机构、投资机构等金融机构成为社会群体财经素养教育的核心力量。以下我们将介绍一些得到马来西亚公民认可的财经素养教育机构。

“iMoney”（如图 2–6 所示）是一个主要面向马来西亚消费者的金融知识网站。该网站的目的是向消费者提供不同类型的金融产品信息，以帮助消费者了解和比较各类金融、消费产品，如信用卡、抵押贷款、定期存款、宽带和保险单等。

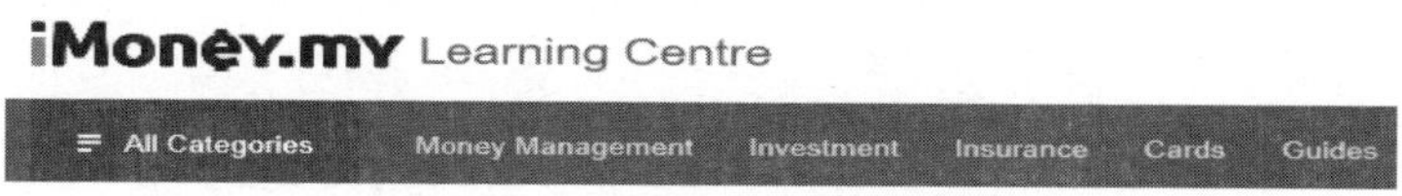

图 2–6 “iMoney”网站页面

马来西亚财务规划委员会（Malaysia Financial Planning Council，简称 MFPC，如图 2-7 所示）成立于 2004 年，是马来西亚政府委托开发的，为财务规划服务的教育机构。MFPC 提出了一些举措和项目，以帮助马来西亚公民提高财经素养水平。该项目的主要目的是培养出理财规划师。培养的对象为新进入理财规划行业的人，财经类的大学生、从事马来西亚大中小学校财经素养教育的老师。

图 2-7　马来西亚财务规划委员会

第3章

马来西亚财经素养教育对象与框架

一、教育对象

马来西亚财经素养教育的对象分为两类：学校的财经素养教育（Financial Education in School）和成人的财经能力项目（Adult Financial Capability Programme），包括未成年人人群、处于劳动年龄人群、退休人群三个目标对象，其中以未成年人人群（学龄儿童）为中心。在财经素养教育的总体框架下，马来西亚政府提出马来西亚的财经素养教育要达到以下五个预期目标：（1）将财经素养提升成为一种生活技能；（2）成人财经能力计划适用于所有生命阶段；（3）建立一个有效的财经素养教育效果的评估框架来支撑财经素养教育的有效实施；（4）全面获得可靠和及时的金融教育信息；（5）财经教育网（Financial Education，简称 FE）用来协调和推动国家层面的财经素养教育计划①。马来西亚国家银行作为推动马来西亚财经素养教育的主导部门，制定了关于国民财经素养教育的内容框架，包括：金钱、收入来源和职业选择；财务责任和决策；资金管理和策划；储蓄和投资；信贷和债务管理；风险管理、财富保护和保险。

二、内容框架②

马来西亚财经素养教育的内容框架如表 3–1 所示。

表 3–1　　马来西亚财经素养教育的内容框架

主要维度	一级内容	二级内容
维度一	金钱、收入来源和职业选择	金钱与收入来源的定义；影响收入的因素；支付工具的类型；收入与支出的决定
维度二	财务责任和决策	做出个人财务决策；财务信息的使用；消费者保护法；合同的定义
维度三	资金管理和策划	确定需求；设定财务目标；创建并记录财务计划；财务决策的替代性和后果

① Bank Negara Malaysia.Financial Literacy in Malaysia: Issues and Status Update.

② Providing High Quality Financial Education in School, Innovative Practices and Effective Approaches—Malaisia's Experience.

续表

主要维度	一级内容	二级内容
维度四	储蓄和投资	储蓄、投资的好处包括建立财富，实现财务目标，财务福利；投资定义和类型；风险和回报的概念；存款人和投资者的保护
维度五	信贷和债务管理	信用工具的定义和类型；负责任的信贷管理；作为借款人的权利和责任；避免债务陷阱并解决信用问题
维度六	风险管理、财富保护和保险	保护身份；常见的风险类型和基本的风险管理；保险的目的和重要性；非保险类型

第二部分

马来西亚财经素养教育内容

第4章

个人财务规划

个人财务规划，可以把它理解为理财规划。假设你是一个刚走进社会的大学生，前路漫漫，你会不断地给自己设立目标，努力赚更多的钱来完成这些目标。然而，有的人在很短的时间内就可以一个接一个地完成目标，有的人卖力工作，但最终发现自己还是一个“月光族”。实际上，你目标的实现不仅取决于你的收入，还取决于你是否有一个合理的财务规划，你是否擅长管理个人财务。如果你对财务规划一无所知，那么你可以学习本章关于个人财务规划的内容。

一、什么是个人财务规划?

当你想去某个地方你会怎么做?

你可能会问自己这些问题:

· 去那里的最佳方式是什么?

· 路上会堵车吗?

· 自己开车好,还是坐公交车好?

· 是否有人愿意带我去那里?

给自己提出这几个问题之后,你要对这几种方式进行评估,然后才做出决定。这些步骤就是你的规划过程,规划可以分为短期、中期和长期。个人财务规划也是如此,只不过它是一个长期的规划。如果你能将自己的个人财务规划延长到退休后,那是最为理想的。个人财务规划包含着你对未来的期望、你的梦想和你的目标。在这个规划中,你会看到随着时间的推移你将如何预算、节省和开支。建立财务规划时你要充分考虑,在你的一生当中哪些事会让你产生巨额开支,如:结婚、买车、买房子、生孩子以及孩子的教育等。实际上,建立个人财务规划不难,问题是你能否坚持按照这个规划做下去。

二、个人财务规划的好处

个人财务规划的好处主要表现为：

· 它能够帮助你更好地控制你的财务状况，避免过度支出、无法偿还债务、破产或依赖他人。

· 你将与你周围的人，例如你的家人、朋友和同事建立更好的关系，因为你有足够的财务能力保证你自己幸福的生活，而不是通过借钱的方式来维持生活或期望从其他人那里得到经济的资助。

· 你对未来的生活充满信心，因为你已经为未来做好了计划，预估了你的开支并实现了你个人的人生目标。

· 个人财务规划不仅可以提高你的生活质量，而且还能保障你家人的生活，尤其是依赖你的人，如：父母、孩子、配偶等。因为，当你有了财务规划，你的资产将会相当富足，甚至你还会有一定的储蓄资金，这样，你和你的家人就会有更好的生活保障。

三、如何建立个人财务规划?

建立财务规划一般包括五个步骤：

1. 评估你现在的财务状况

你要清楚你目前的财务情况如何，你有多少资产（包括资金和固定资产），你是否还有债务等。掌握好自己的财务情况是设立财务规划的重要步骤之一。

2. 设定目标

给自己设定一个明确的目标，然后努力在最短时间内完成该目标，没有一个明确的目标，你就没有动力建立你的财务规划。

3. 建立一个财务计划

财务计划是你完成所设定目标的具体时间和方法，在某一个特定的时间用某种方法来达到设定的目标。

4. 实施计划

这是财务规划最重要的环节，在设立一个财务规划之后，你要坚持不懈地按照计划执行下去。

5. 监督和重新评估

在执行计划的过程中，你要不断地评估自己的执行效果，你是否按照计划实行，你的财务目标完成如何，你的资金总额是多少等。

拥有良好的个人理财规划，你将更加了解自己未来的需求和所拥有的资源，你也会更加安心，因为你知道你已经掌握好自己的财务状况。我们将财务规划的流程步骤以图表的形式展现，见图 4–1，通过该图你就会更加清晰地认识财务规划的步骤。

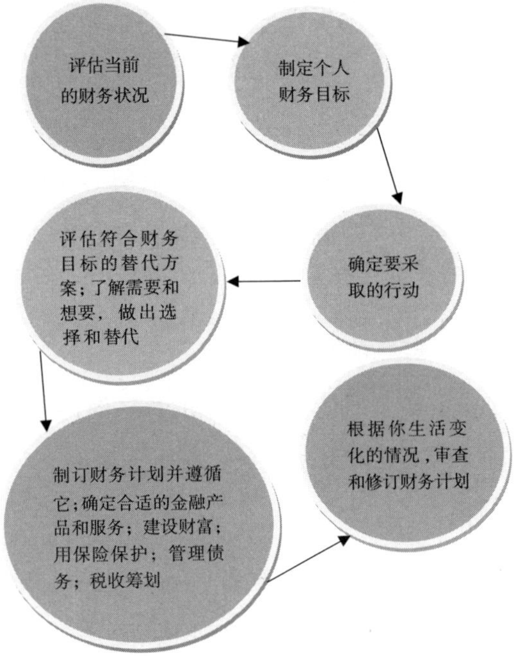

图 4–1　个人理财规划建立流程[①]

四、你的财务目标

在你的成年生活中，你将经历各个阶段，从开始职业生

---

① 资料来源：马来西亚财经素养教育教材《金钱的知识》。

涯到退休，从单身到结婚，然后生孩子，还可能又回到单身生活。在你生活的各个阶段里，你会有不同的体验、不同的责任，因此你也需要不同的财务规划。20 岁的时候，你赚钱和花钱的方式跟你 50 岁的时候是不一样的。例如，当你单身时，你可能希望有足够的钱来支付汽车的首付或与你的朋友一起度假。结婚后，你可能想买房子。当你有孩子的时候，你会努力让他们得到最好的教育，甚至可能会开始筹备你退休的生活。

你生命中的每个阶段都会不断地出现不同的投资机会和挑战。纪律和坚持不懈在维持可靠的财务战略中发挥着关键作用。随着生活的变化，你的需求和目标也会发生变化。合理的财务规划可以帮助你达成目标。适当调整你的财务重点，以满足你生活中不同阶段的各种需求，是你应该做的事情。值得指出的是，为了实现你的财务目标，你需要节省足够的资金。

五、了解金钱的价值

（一）金钱的时间价值

想象一下，你将得到一笔钱，并可以选择现在或者一年后拿到这笔钱，你会如何选择？想一想1990年的1元跟现在的1元价值是一样的吗？你要考虑清楚在1990年1元可以购买什么，今天能买到什么以及未来能买到什么？然后你再决定现在还是以后要钱。当然你应该选择现在要那笔钱，因为钱具有时间的价值，钱会随着时间的推移而贬值，现在的钱会比未来的钱更值钱；另外根据经济学的一个关键原则，货币可以赚取利息，任何数量的货币越早拿到就越有价值。这个概念说明了货币的时间价值，也称为现在贴现值。

（二）复利的力量

存钱非常重要，但是什么时候应该把钱存起来？我的答案是，现在存款而不是等以后的某个时间。

示例：A先生、B先生和C女士每年投资3000元，他们持续投资10年，每年可获得5%的相同利息收益，但他们是在不同年龄进行投资，A先生、B先生和C女士分别在18岁、28岁、38岁开始投资。当三人在60岁退休时，A先生的钱比B先生和C女士多。A先生有198228.14元，而B先生有121694.88元，C女士有74710.10元，如表4-1所示：

表 4–1 A 先生、B 先生和 C 女士的投资收益变化

年龄（岁）	A 先生在 18 岁的时候开始储蓄，年利息为 5%		B 先生在 28 岁的时候开始储蓄，年利息为 5%		C 女士在 38 岁的时候开始储蓄，年利息为 5%	
	投资额（元 / 年）	收益（元）	投资额（元 / 年）	收益（元）	投资额（元 / 年）	收益（元）
18	3000	3150.00				
19	3000	6475.50				
20	3000	9930.38				
21	3000	13576.89				
22	3000	17405.74				
23	3000	21426.03				
24	3000	25647.33				
25	3000	33079.69				
26	3000	34733.68				
27	3000	39620.36				
28		41601.38	3000	3150.00		
29		43681.45	3000	6457.50		
30		45865.52	3000	9930.38		
31		48158.80	3000	13576.89		
32		50566.74	3000	17405.74		
33		53095.07	3000	21426.03		
34		55749.83	3000	25647.33		
35		58537.32	3000	30079.69		
36		61464.18	3000	34733.68		
37		64537.39	3000	39620.36		
38		67764.26		41601.38	3000	3150.00
39		71152.48		43681.45	3000	6457.50

续表

年龄（岁）	A 先生在 18 岁的时候开始储蓄，年利息为 5%		B 先生在 28 岁的时候开始储蓄，年利息为 5%		C 女士在 38 岁的时候开始储蓄，年利息为 5%	
	投资额（元 / 年）	收益（元）	投资额（元 / 年）	收益（元）	投资额（元 / 年）	收益（元）
40		74710.10		45865.52	3000	9930.38
41		78445.61		48158.80	3000	13576.89
42		82367.89		50566.74	3000	17405.74
43		86486.28		53095.07	3000	21426.03
44		90810.59		55749.83	3000	25647.33
45		95351.12		58537.32	3000	33079.69
46		100118.68		61464.18	3000	37733.68
47		105124.61		64537.39	3000	39620.36
48		110380.84		67764.26		41601.38
49		115899.89		71152.48		43681.45
50		121694.88		74710.10		45865.52
51		127779.63		78445.61		48158.80
52		134168.61		82367.89		50566.74
53		140877.04		86486.28		53095.07
54		147920.89		90810.59		55749.83
55		155316.93		95351.12		58537.32
56		163082.78		100118.68		61464.18
57		171236.92		105124.61		64537.39
58		179.798.77		110380.84		67764.26
59		188788.70		115899.89		71152.48
60		198228.14		121694.88		74710.10

与B先生和C女士相比，A先生在60岁时拥有更多的钱，尽管他们每人投资的金额都是3000元/年。因此，不要再犹豫什么时候存钱，而是现在赶快把钱存起来！

> **重要提示**
>
> 由于受到经济与股市波动的影响，投资回报在不同时间也会波动。有些年份投资回报可能低于每年5%，有些年份可能高于每年5%。因此，总投资金额可能大于原始投资总额，也可能小于原始投资总额。在此案例中，只有年投资回报率始终为每年5%时，A先生、B先生和C女士在60岁的时候才能够获得如上所述的投资总金额。

（三）复利的计算

上述示例中的结果归因于复利的影响。所谓的复利是指除了本金产生的利息之外，下一个计息周期内，以前各计息周期内产生的利息再带来的额外利息。我们来举一个例子，如果你将1万元放入银行，每年的利率为5%，那么年底你将获得1.05万元。如果你将全部金额（包括本金和利息）都留在银行中，那么第二年你将获得1.1025万元。从这个案例我们可以看出，在第二年你不仅会获得原始投资的利息，还会获得上一年度所获利息的利息。这称为复合利息。复利的好处在于越早开始储蓄，原始投资的利息就越多。

复合利息对于长期投资的投资者来说非常重要。上面提到的 1 万元投资，以每年 5%的利息率计算，投资 10 年后，本金将增长到 1.62 万元。如果 5%的年度利息率按月计算，则每月利率为 0.42%（每年 5%除以 12 个月）。如果以每月 0.42%投资 1 万元并投资 10 年，那么你将获得 1.6401 万元的总本息，比按年度利率 5%投资多 112 元。因此，如果你的投资是按月度计算利息而非年度计算利息，你将获得更多收益。

但是应该提醒的是，复合利息是“双刃剑”，它既有优势又有劣势。复利可以帮你获得更多的投资回报。但如果你有贷款或信用卡债务，这些债务又是以复合利息计算的，你最终可能要偿还更多的利息，最终使你越来越难以偿还贷款或信用卡债务。

总　结

1. 个人理财规划对你来说非常重要，为你的未来提供安全保障，并提供更好的生活质量。

2. 个人理财规划对于实现人生的梦想和目标至关重要。

3. 钱可以赚取利息，那么你目前所拥有的金钱价值比未来的金钱价值要高。

4. 现在开始省钱是很重要的。越早开始储蓄，复利就越多。

5. 如果您的投资按月支付利息而不是每年复利，您将获得更多利息。

6. 复利是一把“双刃剑”。如果你延迟支付贷款或信用卡债务，最终将支付更多利息。

第5章

财务目标

一、财务目标为什么重要？

如果你是一个篮球球员，当你打球时，你的目标是把球投入对方的球篮里，当然对方球员会阻拦你的投篮行为，你要想办法超过他们，采取各种技能、策略，尽最大努力将球投进。你能想象在没有任何目标的情况下打球吗？你只是拿球围着篮球场绕来绕去，不进球，没有得到任何分数，这种运动你还喜欢吗？

跟打球一样，你的人生也要建立目标。目标能够给你指引方向，指导你实现想要的生活。如果没有目标，你可能会在某一天醒来，就觉得自己的人生没有任何意义，最佳岁月一天又一天地消失，到某一个时间回头看一无所有，没有任何成就。

当你确定人生目标之后，就会发现金钱是帮助你实现目标的重要工具。你要通过财务规划来管理资金，管理资金的重要步骤就是设置财务目标。

二、如何设置财务目标?

财务目标帮助你确定自己的金钱从哪里来和流去哪里。要设置财务目标，你要搞清楚生活价值观和信念是什么。如果你不了解对你个人而言什么最重要，就很难设定令人满意的财务目标。

首先，你要把财务目标写出来。如果你只把这些目标记在脑海里，那么很快就会忘记。将财务目标写出来有利于增加完成目标的机会。其次，财务目标要具体，并用可以衡量的方式来表达。

比如，财务目标的重点是："在银行里有很多钱。""很多钱"是什么概念？是 5000 元、50000 元，还是 500000 元？另外，要将你的目标分解为短期、中期和长期的目标。

那么，如何制订有效果的财务目标？

第一步：写出具体的目标，比如：

（1）买新车。

（2）存款买房子。

（3）去旅游。

（4）将信用卡的欠款还清。

（5）设定退休计划。

第二步：分解目标为短期、中期和长期。短期一般为 1 年；中期一般为 1~3 年；长期一般为 3 年以上。

具体例子：

（1）短期目标（1 年内）：

· 6 个月内存款 5000 元。

· 支付新车的押金。

（2）中期目标（1~3 年）：

· 支付首套房子的 20 万元首付。

（3）长期目标（3 年以上）：

· 建立退休存款计划，并存款 10 万元。

你可以参考表 5-1 的模板写下你的财务目标。

表 5-1　　财务目标表

我的财务目标		
短期	中期	长期

三、重要的财务目标——为紧急情况存款

如果某一天你无法支付教育费用，该怎么办？你会牺牲获得学位的目标，放弃学习，还是提前准备一个后备紧急计划？在生活中，我们都要面对各种各样的意外事件，可能是灾难性的事件或者不幸的事件。这些不希望发生的事件都有可能发生在你或你的家人身上。如果幸运，你一生可能只遇上轻微的意外事件，如车辆轻微故障、手机被偷；如果不幸，你可能要面临更大的灾难，如你家中唯一的养家糊口者死亡等。大多数意外事件都需要花钱，因此，你需要准备适当的工具、资金、知识来应对这些意外事件。紧急基金就是你需要的一种工具。

你列出的财务目标中，应包括应急基金的储蓄。作为一般准则，你的应急基金应相当于至少 6 个月的基本生活费用，最好是 12 个月的基本生活费用。

比如，你一个月的生活费用为 5000 元，其中包括了房贷或者租房费、保险费、水电费等，那么在 6 个月内你最少需要存款 30000 元（5000 × 6 个月），一年你至少要存 60000 元（5000 × 12 个月），用于意外事件的应急使用。

对于刚开始工作的人来说，把这笔钱存起来可能很难，

但你要确保你每个月都在存钱。每一点点都有助于建立你的应急基金。记住要有意识地节约。在这本书的后面，我们会向你提供更多关于应对应急情况的财务规划。

总　结

1. 你的财务目标要反映出价值观和信念。

2. 你要将财务目标写下来，并且给出完成该目标的具体时间。

3. 为紧急情况存款应该列为财务目标的一条。

第6章

管理好你的资金

一、了解你的财务情况

（一）资产和负债

财务规划中，你要在财务方面评估你现在的位置，即你拥有什么，你欠了什么，你有多少钱以及在支付各种款项之后还剩下多少钱。这样做时，两种类型的个人财务报表就派上用场了：

· 个人资产负债表。

· 现金流量表。

这些报表可以帮助你：

· 提供有关你当前财务状况的信息以及收入和支出的一览表。

· 衡量你在实现短期、中期和长期财务目标方面的进展。

· 维护有关你的财务活动的信息，如投资和支出模式。

· 提供你在准备报税表或申请银行贷款时可以使用的数据。

· 你的个人资产负债表报告：你拥有的和你欠的款项。

（二）个人财务情况表

通过个人财务情况表来管理自己的资产和负债是一个非常直观的方法。在表格中你要列出你所有的资产和负债，这种可视化的财务管理将帮助你更好地掌握自己的财务情况。

如果你的个人总资产价值大于总负债，那么你的财务情况属于正净值；如果你的个人总资产价值小于总负债，那么你的财务情况属于负净值。在表 6–1 的案例中，净值为 126069 元，因此这个案例中的个人财务情况属于正净值，是比较健康的财务状况。

表 6–1 个人财务情况表

	项目	资产（元）	负债（元）
银行账户	存款账户	523795	—
	经常账户	35323	—
	定期存款账户	25835	—
	手头现金	3000	—
房地产及其他资产	公寓	700000	1305323
	房子	—	—
	土地	—	—
	珠宝首饰	76950	—
	汽车	60000	36572
投资	职工公积金	55267	—
	单位信托	15982	—
	股票	—	—
借贷	信用卡	—	11278
	学习借贷	—	6238
	从朋友或者家人借贷	—	—
	租购家具和电器	—	10672
总计		（A）1496152	（B）1370083
净值（A）-（B）		126069	

财务情况是正净值的，不代表你不会面临财务的困难。对于一个净资产为正的人来说，怎么可能陷入这个问题呢？问题在于你的非流动资产。当资产不具有流动性（很容易转

换成现金）时，未来可能会出现潜在问题。让我们看看这是怎么发生的。

假设你有一套房子作为资产（你居住的地方），但你的钱包或银行账户里没有现金，而且你已经拖欠了信用卡付款。现在最紧迫的事情是，你需要现金来支付日常开支。在没办法赚到钱的情况下，你决定把房子卖了来支付开支。这就是问题所在，因为，你的房子是一种非流动性资产，不能立即卖掉，因此现金也不能立即拿到手。

财务健康意味着你拥有平衡的资产组合，这样你就不会在任何时候遇到现金流转的问题，财务自由也将在你掌握之中。

（三）计算你的净值

在这部分，我们将向你介绍如何计算你的净值。

第一步：你要列出所有资产，包括银行里的资产、房地产、投资等。

第二步：计算资产总额，将所有已列出的资产价值加总。

第三步：列出借贷，包括信用卡借贷、借款，以及租购的家具和电器等。

第四步：计算借贷总额，将你的所有已列出的借贷价值加总。

第五步：资产总额减去借贷总额，如果净值是正，财务状况比较健康；如果净值是负，说明财务存在问题，需要采取控制措施。

二、为你的财务目标做预算

当你掌握了财务情况，而且财务是健康的，那么你可以开始为财务目标做预算。

（一）什么是预算

预算是管理现金流的计划，用于估计未来的收入和支出。简单地说，预算列出了所有预期的现金流入和流出，以帮助你做出审慎的财务决策。

（二）为什么要做预算

你在自动取款机上提款了多少次才意识到你在几天内就把钱都花光了？因为很难记住哪笔钱是在哪里花的，所以许多人不了解自己的财务状况，最终花的钱比他们想象的还多。这就是为什么预算很重要。

（三）做预算的好处

· 量入为出。

· 培养储蓄的好习惯。

· 避免财务紧急情况。

· 提高你的资产净值。

（四）如何制定预算

在知道预算的好处之后，你现在可以开始创建自己的预算了。只需要三个简单的步骤：

1. 列出你所有的收入来源

所谓的收入是到手的收入，不包括已扣除的税款和其他被扣除的款项。

2. 列出你的费用

你的费用应该包含着固定费用、可变费用和自由支配费用。这里也应该包含你每个月自动扣除的存款款项（最少是月收入的 10%）。

3. 确定你的净现金流状况

如果你的现金流有盈余，非常好，尽量平衡你的收入和你的实际支出。如果你的现金流是负的，那你要通过削减支出来提高现金流的余额，直到现金流是正净现金流。如果条件允许，现金流应该能支持应急基金。

三、跟踪你的现金流

准备个人预算并不是这个过程的结束。你需要每天监控你的实际支出，尤其是你的资金流向。另一个用于此的术语是“现金流量”——在给定时期内现金的实际流入和流出（如图 6–1 所示）。

图 6–1 现金流量

最重要的资金流入来源于工资。你可能还有其他收入来源，如做生意的收入、存款利息或者投资所得的收入。流出的资金主要用于生活开支、还贷款或者其他财务承诺。

如果你有现金盈余，那是非常理想的，记得把它放在存款账号里。然而，如果你的资金是负的，那么要注意开支，尽量减少开支。

总 结

1. 财务目标是实现财务安全及财务自由的重要步骤。

2. 你的个人财务情况表显示了你在某个时间点的资产、负债和净值。

3. 制定预算与跟踪现金流需要耐心、纪律和灵活性。

4. 量入为出是非常重要的。

第 7 章

节约与存钱的好习惯

一、为什么要节约和存钱?

上述的内容中，我们已经一起探讨如何设置个人财务计划。其中，建立财务目标、掌握自己的财务情况是实现财务规划的第一步；实现财务规划的第二步，也是最重要的一步，就是节约与存钱。

你建立了一个非常详细的财务计划，但如果不能按照计划把钱存好、理性消费，也许你永远都实现不了财务计划，达不到财务目标。

构建财富就是增加净值（资产减去负债等于净值），其结果可能是正值（资产大于负债）也可能是负值（资产小于负债）。通过节约与储蓄，你将提高正净值，减少负净值。

二、你的财务情况决定你的消费行为

消费是每个人生活中不可避免的活动，但财务问题也是从消费中产生。为了避免出现财务危机，你应该根据量入为出的原则进行理性消费，意思是说你要根据拥有的钱来花钱。消费的同时，你还应该把钱存起来作为储蓄来实现财务目标。

随着通信技术的发展，信息传播的速度越来越快，各种各样的消费品通过电视、杂志、因特网等多种渠道进行销售。如果没有理性消费的观念，你就会很容易被诱惑。当你不停地消费，财务目标会离你越来越远。

为了避免消费过度的现象，你可以通过了解什么影响了支出，什么是你的需要和想要，来建立你的消费观念。

（一）什么是需要?

“需要”是你必须拥有的东西，没有它你做不了某件事。食物就是需要的一个例子。你需要吃饭才能活下去。否则，你就活不了多久。

（二）什么是想要？

“想要”是你想得到的东西，而且这些东西不是绝对必要的。珠宝是你想要的一种物品，但你不佩戴它，你也照样能活下去。

在我们的生活当中，想要和需要的物品经常出现。例如，在当今世界，具有基本功能的手机是与他人交流的必备条件。不过，蓝牙、音乐播放器、相机和视频实际上只是手机的附加功能。衣服是日常生活的必需品，但如果你疯狂地买衣服或者购买天价衣服，这些都属于想要的概念。

“需要”和“想要”的对比如表 7–1 所示。

表 7–1 “需要”与“想要”

需要	想要
食品	正式的餐厅
住处、房子	别墅、度假胜地
衣服	名牌衣服
汽车、摩托车	豪车、跑车
手机	高级全功能手机

掌握“需要”和“想要”之间的区别对你的消费习惯的养成、财务目标的实现具有重要影响，因为你所做的关于你需要或想要什么的决定将影响你的预算和每月的开支。

（三）明智地消费

当你想要买任何东西，你应该问自己，这个东西对你来说是否需要；应不应该买它；个人预算和现金余额是否支持你进行这次交易。如果这个东西是你想要的，你先考虑是否先不要，或者花更少的钱买类似的东西，这样你就可以存更多的钱。当你这样做的时候，你就是在明智地消费，量入为出。

明智的购买选择和明智的消费将阻止你为自己和他人带来财务困难。以负责任的方式处理你的个人财务，学会对买不起的东西说“不”，这样你的个人财务规划才能在最短的时间实现，同时，你还可以享受财务自由。

理智消费的小提示：

1. 时间

· 计划你的购买以避免多次去商店。

· 避免陷入最后一分钟的购物狂潮中。

· 提前储备家居用品，避免节日繁忙。

2. 清单

· 购物时要有购物清单，避免购买不需要的东西。

· 始终按照你的预算消费。

3. 比较

· 购买之前要对比不同商家的价格。

· 记录价格以便跟踪频繁购买的产品的价格变化。

（四）延迟购买

你是否记得，小时候当你想要买某个东西，你父母经常跟你说“等一会儿再买”或者“完成作业后我再给你买”等类似这样的话。实际上，你的父母使用了延迟购买的方法。

成年后，你能自己赚钱，拥有支配财务的自由。然而，如果不能理性消费，你的钱很快就不再属于自己，因为总会有人试图影响你花钱。如果不是朋友请你出去吃饭，那就是超市的促销员请你买他们的产品，甚至当你宅在家里，各个网络购物平台都可以让你消费大笔钱。在购买产品之前，你应该先想出不该买这个产品的理由，或者你可以说服自己考虑考虑再买，等等再买。其实，当你离开那种销售的场景后，你可能很快就不想买那个产品了。请记住当你对花钱说“不”，意味着你更接近财务目标。

三、存钱的小技巧

（一）让你的资金自动转入储蓄账号

储蓄计划是你财务计划的重要组成部分。如果没有储蓄计划，你将无法实现财务目标。我们建议你可以将每个月最少 10% 的收入存起来，如果你可以节省 20%甚至 30%更好，因为这将为你的未来带来更多的收益。你现在节省越多，财务目标就会越早实现。你可以按照以下几种方法将部分薪资存入自己的银行账号：

· 每月将现金存入储蓄账户。

· 在自动存取款机（ATM）上转账。

· 每月通过网上银行从你当前的账户转入储蓄账户。

如果你正在执行上述任何操作，那就太好了！你要将存钱这个事情坚持下去，不要找一些理由将钱用于其他事情而不存入储蓄账户中。那么，如何确保遵守储蓄计划呢？很简单，使其自动化。指示你的银行将当前账户中至少10%的月薪转移到储蓄账户，这将会使储蓄增长，让你更接近财务目标。当储蓄的资金达到一定的金额，你可以将全部金额转入定期存款或者其他形式，这样可以获得更多的回报。你要记住保持银行每月扣除的方式，维持存钱的习惯。

（二）通过买卖二手物品来省钱

你有没有想过，如果买更多的旧物品而不是新的物品，能节省多少钱？

1. 电子产品

如果购买的是二手电子产品而不是全新产品，你会节省很多钱。一款新的 13 英寸苹果笔记本电脑（MacBook Pro）于 2016 年 7 月 27 日发布，其价格为 5500 元，但是如果你在网络平台上购买二手产品，只要用 1500 元到 2000 元就能得到一个 2011 年版本的苹果笔记本电脑。最新版本的电脑与旧版之间的价格相差高达 3500 元或以上。有时对于旧版，你甚至可以改造它，意味着可以得到更高的版本。如果你精通技术，知道在哪里可以找到零件和替换品，你可以买到旧的笔记本电脑和旧的电池，价格非常便宜。比如一台旧的 2011 年版的苹果笔记本电脑的价格为 1000 元，你可以很容易地以旧换新，再补上大约 200 元就可以买到新的电池。然后，你额外再投入 300 元的固态硬盘驱动器或随机存储器，把这些零件替换后，你就有了一个差不多新的苹果笔记本电脑，可以运行得像最新版本一样快。你也可以在一些买卖的平台上买到其他电子产品，如便宜的手机和电视机。

2. 家具用品

除了电子产品，你还可以在二手物品购物平台上购买家用电器，如烤箱、咖啡机、洗衣机等。在购买之前你可以检查这些产品的质量，以确保买到的产品仍然完好无损。

3. 服装

在二手商品购物平台上最受欢迎的商品之一是服装，尤其适用于女性的服装和饰品。人们有时会因为买了太多衣服而感到内疚，而这些衣服最后只穿了一两次。从二手商品购物平台上购买这些只穿了一两次（几乎和新的一样好）的二手衣服，可以让你有机会以实惠的价格购买更多的衣服。如果衣服过大或过小，你可以把它转卖给下一个买主而不损失很多钱，也可以购买鞋子和其他可穿戴物品。

卖二手物品能赚多少钱？

有些人可能有太多的衣服、鞋子、配件或电子产品，这些东西他们几乎不再使用，仍然处于良好的状态，为什么不试着在二手商品购物平台上销售它们呢？大多数情况下，你可以收回你最初购买价格的一半。虽然每件商品可能只有几百元，但多年来，这个数字可能增加到几千到几万元。如果东西还是相对新的，你可以卖到更高的价格！这完全取决于需求。

值得吗？

有些人可能觉得你不缺少那点钱，几百元的存款，对你来说没什么意义，不值得麻烦，然后你可以继续购买新的商品。与此相比，如果你不介意花一点点额外的精力浏览这些平台，看看有没有更便宜的选项，然后再决定是否购买一个新的产品，这样你就可能节省几百元。

（三）通过降低信用卡和贷款利息储蓄

你有没有想过怎样才能降低信用卡和贷款利息呢？利息就像一条蛇，如果支付时你不小心警惕，它可以从后面爬起来，使你的财务能力丧失。这就是为什么在你把债务减到最少之前，要先考虑如何通过减少信用卡或者贷款的利息来存钱。这里我们提供一些策略可以帮助你降低信用卡和贷款利息。

1. 要求降低利息

很少有持卡人知道这一点，你可以打电话给信用卡提供商要求更低的利率。当然，审批要视情况而定，但如果你是长期客户并且有良好的付款记录（这意味着你从来没有错过付款），那么他们一般会尽量满足你的要求。首先你需要先考察，找出其他信用卡提供商正在提供什么样的服务，并将其他信用卡的利率和特征与当前使用的信用卡进行比较。你还应该检查目前你的供应商提供给新客户的完全相同的卡的利率。如果他们不愿答应你的请求，礼貌地告诉他们你已经收到其他信用卡提供商的几份有趣的报价，并询问他们为了留住客户是否愿意提供与你所接受到的服务相匹配的报价。如果你在使用信用卡的过程中没有产生任何不良记录，信用卡提供商一般将非常乐意通过你的请求。因此，你如果是持卡人，你应该尝试与供应商谈判，否则你永远不会知道是否成功。

2. 支付超过最低金额

还款时只还最低还款额（通常为你未偿总额的 5%）正是银行希望你做的，因为如果你把所有本期应还的金额都还完，那么你就不用付任何利息。但是如果你只付最低还款额，你在下期还款日除了支付本期该还款的金额外，还要支付上一期未还款额部分的利息（一般利率为 5%）。这样利息会不断累积到你的未偿还数额，最终会产生比最初欠债大得多的金额。你可能认为偿还最低还款金额是更经济实惠的，但是实际上你要支付不少利息。因此，尽量还清欠款，如果你不能支付全部欠款，那么你得支付高于最低还款额两倍的金额。

3. 用储蓄偿还你的欠款

不管是信用卡欠款还是未偿还贷款，如果你的银行账户有存款，一定要尽快还清。虽然这不是一个最好的还款方法，但是至少你也应该知道这个还款方法。如果你在贷款期限结束前全额清偿，大多数个人贷款机构会收取 1% 到 3% 的早期清偿费，即便如此，你提前还款的结算费用远低于你将支付的利息总额。你可以用一个简单的计算公式计算你的总利息：

利息 = 贷款金额 × 利率 × 贷款期限

比如：本金金额：20000 元

利率：8%（单利）

贷款期限：48 个月（4 年）

总利息 = 20000 × 0.08 × 4 = 6400 元

注意：这个计算公式不包含任何复利或其他费用。

如果你选择在贷款期限的两年内完全还清的话，你能节省多少钱？

贷款余额：10000 元

贷款期限：24 个月（2 年）

两年的总利息：3200 元

早期结算费是未清偿金额的 3%（0.03 × 10000 = 300 元），通过提前完全还清节省的金额：2900 元。

尽管在你的本金贷款中可能会产生其他费用，但上面的计算表明，当你有足够的资金偿还贷款时，你会节省更多的钱。

4. 合并你所有的债务

如果你的信用卡债务和贷款太多，而且很难跟上还款进度，你可以申请低利率的债务合并贷款，并将你所有的债务合并为一笔贷款。

通过将债务合并，你只需要每月支付一次贷款，而不用每月支付几次。其目的是更快地还清债务，同时从支付利息中节省现金，这样你就可以集中精力重建你的财务，而不会分心太多。为了做到这一点，你的债务合并贷款的利率应该比现有的信用卡或贷款的利率低。所以，在申请债务整合贷款之前，你要先了解现有的信用卡和贷款的最低利率。

总　结

1. 个人财务情况表在某个具体时间让你更清楚地看到你的资产、负债以及你的净值，帮助你更好地管理自己的财务。

2. 清楚“想要”和“需要”的区别，对不必要的消费说“不”是实现财务目标的重要前提。

3. 通过各种方法进行存钱，其中自动扣款是比较有效的方法之一。

第 8 章

投资你的资金

投资是你的个人财务计划的一部分。如果有一些储蓄，你可能会想把它们投资到某个领域，从而实现资金的回报最大化。在这章中，我们将陈述投资前应考虑的因素，并提供投资时应做和不应做的一些指导。

一、投资和储蓄之间的区别

投资不同于储蓄。储蓄是你将自己的资金存入某个机构，然后你将获得利息。但是，在一项投资中，你可能收回也可能失去初始投资金额，当投资产生效果，你可能会得到比初始投资金额多得多的资金。投资比储蓄风险更高，但其回报率比储蓄也更高。

二、你的投资计划

明智的投资不是运气问题，而是精心规划的结果。选择投资时，你不应该依靠道听途说，必须花一些时间了解市场，通过研究或寻求专家的建议找出最适合的投资方案。以下是投资前应该注意的一些问题：

（一）明确为什么要投资

在你投资之前，你应该知道投资目的是什么，也就是说财务目标是什么。

你的财务目标可能是：

· 买车；

· 买房；

· 把孩子送去国外读书；

· 去度假；

· 计划未来舒适的退休生活。

你的投资目标可以是：

· 保持投资本金的购买力；

· 从投资中获得收益；

· 增加你的净值；

· 以上任何几项的组合。

你可以通过投资你的储蓄来实现财务目标，投资的时间取决于这些财务目标能够实现的时间。重要的是，投资计划要与个人财务规划目标相匹配，以获得最佳的可能结果，从而实现财务目标。

（二）了解投资时要考虑的关键问题

因为投资是长期的承诺，所以你必须在承诺之前考虑投资能力。你需要考虑的关键问题包括：

· 你有多少钱做中期或长期的投资？

· 你是否完全了解你投资的产品？

· 预期投资是否符合你的整体投资组合？你比较过类似产品的投资回报率吗？

· 你了解所涉及的风险吗？

· 你知道自己对投资损失的承受程度吗？（也就是说，你投资的价格或价值的变化程度如何，是你能承受的。）

· 你对投资回报的期望是什么？（即，对你来说回报多少让你满意？）

· 你的投资期限是多长？（如 5 年、10 年等。）

· 在紧急情况下，你是否有能力出售投资？

· 如何根据不断变化的需求监控投资绩效？

（三）了解投资的概念

1. 多元化

一个成熟的投资策略应该是多元化的投资。多元化是一种有效的投资方法，可以将投资的风险降至最低，并保护你免受特定资产类别或行业波动的影响。不同类型的投资面临不同的风险，通过多元化投资，一些投资的损失可以被其他投资收益抵消。

2. 钱的时间价值

对于任何想投资的人来说，时间都是非常重要的，时间可以给投资者带来财富。投资越早，你的资金价值回报率就越高，原因是有复利的存在。从长远来看，即使是一个百分点也会产生影响。

3. 通货膨胀与税收

投资的时候，你应该考虑到通货膨胀和税收的问题。适当的计划和确保长期投资的最低平均回报率也是至关重要的。因为通货膨胀降低了货币的价值，你今天的钱在未来可能买不到同样数量的东西。尽管你可以从投资中获得回报，但由于通货膨胀的影响，你的投资的实际价值可能会降低。税收也会降低你的投资回报，除非你的投资是免税的。

4. 最大化

作为一个投资者，你应该希望你的投资资金产生效应，给你带来更多、更高的回报。你的钱翻倍所需的时间可以用“72 规则”来计算：用 72 除以你储蓄的利率。假如你的投资资金是按年 4% 的利率计算，那么需要多少年你的资金会翻倍？我们可以用 72 除以 4，得到 18，说明在 4% 的年利率的情况下，需要 18 年的时间实现资金翻番。反之，如果你希望在 6 年的时间内实现资金翻番，那么你选择的最小利率是多少？我们用 72 除以 6 得到 12，说明年利率需要达到 12% 才行。如果计算出来的回报率不让你满意，你可以考虑投资回报率更高的其他项目。

5. 平均成本投资法

平均成本投资法是一种以定期及定额投资去累积资产（包括股票及基金）的方法，投资者会在价格处于低位期间购入大量的股票及基金，而在价格处于高位期间购入少量的股票及基金。

6. 风险和回报之间的关系

市场上有许多类型的投资，每种投资都有不同的风险水平和预期回报。如果你选择比较安全的投资（如储蓄或债券），这意味着你的原始投资资金得到保留，但回报率可能很低。选择回报率高的投资（如股权单位信托或股票）你将要面临更高的风险，但一旦投资成功你将获得很高的投资回报率。由于风险回报权衡，你要根据自身的风险承受能力来选择不同类型的投资以及不同水平的风险。

7. 了解风险

风险是一个与投资相关的潜在收益或损失的预期指标。如果你希望在短时间内获得巨大收益，那么风险将很高。但是，如果你喜欢长期投资，风险水平会低一些。随着投资时间的延长，收益的变化和波动性会逐渐降低。

（四）了解哪些投资适合你

在选择任何投资类型之前，了解其原理是很重要的。每项资产都是独一无二的，并且具有不同的风险和回报率，你可以投资不同的资产来实现不同的财务目标。然而，你要认识到，对于大多数投资类型来说，负回报是很常见的。

下面我们将介绍金融市场中几种普通类型的投资：

1. 现金和固定利息投资

现金投资是最普通的投资模式，包括银行储蓄账户和固定存款账户。这两种投资模式的特点是简单、方便，且不会损失——因此它们是非常安全的。但是，在提供安全保障的同时，储蓄的回报率非常低，基本没有什么资本增长。实际上，从长期来说，它们是有相当风险的，即通货膨胀带来的贬值风险。

对于大多数投资者而言，现金和固定利息产品适用以下范围：

· 使用交易账户；

· 手握现金用于短期费用支付和紧急情况；

· 无法负担资金风险的短期储蓄。

2. 股票

股票代表一个人在某个公司的所有凭证。购买股票后，你成为公司的一份子以及有资格参与未来分红。股票给投资者提供两种资本增长方式：

· 公司市值增加，股价也提高；

· 当公司决定给股东支付红利时，你可以赚取分红。

股票潜在的回报很高，但是，当公司绩效下滑时股票价值也下降很快。股票通常适用于以下投资者：

· 打算构建中期以及长期财务目标的；

· 拥有长期投资经验；

· 对短期内投资价值的一些波动感到满意的，以换取更高回报（就分散收入和获得资本而言）。

3. 信托基金

信托基金是一种“利益共享、风险共担”的集合投资方式。在信托中，社会上的成百上千名投资者的资金集中起来形成一定规模的信托资产，投资资金所获得的利益将按照出资比例分给投资者，投资的风险由所有投资者共同承担。专业的基金管理机构决定每个等级的资产的投资比例。

信托基金对于以下人群是理想的选择：

· 投资新手；

· 乐于让专业经理选择投资的人；

· 小量投资（可以选择定期追加出资）；

· 寻找最小化风险的多样化投资。

4. 房产

房产是大多数马来西亚人熟悉的资产分类。房产投资通过两个方法为投资者提供价值：

· 随着时间的推移房产的资本价值增加，如房价和地价的提升；

· 获取房子的租金。

正如股票，房产价格高的时期回报高、价格低的时期回报低，所以房产通常只适合长期投资。购买房产时要考虑的最重要的因素就是区位（地段）。房产通常适用于以下投资者：

· 没有急需用钱要求的；

· 打算进行长期投资的；

· 在利率上涨或者房产没能租出但依然有能力偿还抵押的。

5. 其他类型的投资

· 债券。债券是政府、企业、银行等债务人为筹集资金，按照法定程序发行并向债权人承诺于指定日期还本付息的有价证券。当你购买政府或企业债券时，你是在预定的利率上、确定的时间上把你的钱借给政府或企业。在回报方面，你会收到稳定的利息收入。

· 不动产投资信托。除了财产和不动产外，其他的投资类型与单位信托相似。这种投资的利润是通过投资者分红的形式获得。

（五）获取财务建议

根据所选择的投资类型，你可以从相应的提供方寻找财务的建议，如银行、贷款免除人、财务规划师或保险代理。但是，在选择财务顾问之前，你要了解向你提供建议的顾问是否拥有顾问的资格，对你选择的投资类型是否了解。

（六）金融诈骗

投资一般都需要较长的时间才能产生收益，而且产生的收益也是一步一步地增长。因此，在选择投资项目之前，你要慎重，不要轻易相信“快速致富”的项目。这些项目承诺你将获得高额回报并且风险极低，而且这些高额回报是在短时间内可以获得的，你甚至在家工作就可以获取财富。这些快速致富项目常常出现在杂志和报纸的广告中，这些诈骗也会通过电话、短信或者互联网以及欺诈电邮等发送信息给你。这些金融诈骗有一些共同特点：

· 承诺每月20%~30%的回报率，且低风险甚至是无风险；

· 需要你注册后才会给你提供相关信息；

· 项目在其他国家，因此你无法通过任何网络实体确认它的办公室或者确认公司状态；

· 你被要求提供银行卡账户等敏感信息。

当你遇到一份吸引你，且能使你致富的项目时，你必须做什么？

· 不要贪心，不要瞬间决定。要经常与朋友、家庭及专家沟通，确认这个项目是否是真的投资机会。

· 为了确保信息的准确，在决定投资之前，你应该搜索类似的投资项目，对比他们之间的投资回报率。

· 即使该投资项目是你的家人、亲戚或者朋友介绍或者提出来的，你也要提高警惕，因为没有哪个投资是简单的、可以让你快速致富的。

· 充分意识到非法投资不是你要的投资类型。这样的投资是有风险的，你可能会因为非法投资被捕。

（七）保护你的利益

对于你所做的任何投资，请记住以下提示：

· 了解投资和相关风险；

· 如果你正在聘请财务顾问，请谨慎选择，确保他们是合格的和有经验的；

· 提出问题并确保了解所涉及的问题和程序，寻求第二意见；

· 如果你有疑问，不要迫于压力做出决定，不要草率决定；

· 保留所有交易记录；

· 对那些以最小或无风险、保证快速盈利的承诺保持警惕。

（八）投资的禁忌

在进行投资时，你应该避免一些导致投资风险的决定：

· 不要借钱投资：你不应该用别人的钱投资，或从你的信用卡中提取现金去投资。如果你没有钱就不要投资。

· 不要仅仅为了获得快速和高回报而投资：快速回报一

般伴随着高水平的投资风险。

· 除非做好准备，否则不要投资于高风险投资项目。

· 不要听“热门”提示和谣言进行投资。

三、投资风险的管理

在清偿债务之后，你为投资留出了资金，你希望走上增加财富的道路。在你开始投资之前，你应该了解关于投资的风险，如果你对投资风险一无所知，那么辛辛苦苦赚来的血汗钱就会很快与你永别。

在投资的世界中，你将会遇见很多风险，这是不可避免的。这些风险可能是赔钱的风险、贬值的风险等。基本上，如果投资结果与预期结果不同，那就是投资风险。

即使你决定走一条“安全”的路，但是，其实“缺乏风险”也会带来风险，这样你可能无法及时达到你的财务目标。在开始投资之前，了解风险对你的正面或负面影响是至关重要的。在以下内容中，我们将跟你谈谈关于投资风险的 4 个问题，希望能够帮助你绕过投资风险。

（一）识别投资的风险

如何确定你能承受多大的投资风险呢？当然不应该是当

听到不利的投资消息时，你就开始紧张，满头大汗担心自己的资金安全。在投资之前和投资的过程中，你要学会识别投资风险。你可以从网上获得一些关于投资风险的调查问卷或计算器，可以方便地测量你对风险的容忍度，最后根据你对问题的回答确定风险承受力或投资风格。

一般来说，投资风格分为三种基本类型：保守型、温和型或激进型。根据你的投资风格分配投资资金。例如，与直接投资股市相比，保守投资者更适合投资于单位信托基金的固定存款。

如果你愿意，聘请一位专业的财务规划师来帮助规划投资资金，因为他们将会根据你的投资风格识别投资风险或者评估你承担风险的能力。

（二）了解“爱好”与“承受力”之间的区别

在识别投资风险之后，你认为可以开始实施投资计划，但要先考虑一个问题，这个问题可能会使你偏离轨道，即你的实际行为与预测不一致。比如，在进行投资风险识别的时候，你认为自己属于积极型的投资者，但在投资的过程中，你的行为却证明自己属于温和型的投资者。这些错误的预测会大大影响到投资的效果，甚至可能还会带来无法预测的风险。

你要明确投资者的爱好和处理投资风险能力是不一致的。我们举一个例子，X 先生非常喜欢吃自助餐，但因为身体健康有问题，所以不能吃太多。然而，无论如何 X 先生对自助餐很执着，这种执着将会使他面临很多风险，如患痛风、烧心或更糟的风险。所以尽管他的食欲很高，但承受风险的能力却很低。另外一个例子：在投资过程中，投资者表示他们对市场波动很淡定。然而，当股价下跌并需要克服波动时，投资者不再持有长期股票，而是变得紧张不安，迅速抛售股票，造成损失。经验教训是切合实际的，尤其是在风险评估期间，这样才能从一开始就做出正确的投资选择。

（三）了解投资资产类别

不同的投资类别具有不同的投资风险以及不同的风险等级，因此当你打算将资金投资到某一个领域，你要先了解投资的类别，从而做出更明确的投资决策。以下是四大资产类别：

· 现金及现金等价物：此类风险最小，因此回报最低，其包括储蓄账户中的钱、货币市场基金、网上钱包、床垫下的现金。

· 股票：这代表了企业的所有权，包括股票和共同基金。

由于股票市场的波动性，所以它属于风险最高的类别。

· 固定收入资产：将钱借给公司或政府以获取利息，包括债券和定期存款，它们提供比现金更好的回报，但风险更大。

· 实物资产：包括房地产、自然资源商品和黄金等贵金属等。投资于房地产，比如：投资办公室或公寓等物业，该类投资可以通过租金收入和增加的物业价值获得良好的回报，但投资成本很高。

（四）学会管理风险

每一种金融产品都具备潜在的投资风险，学会风险管理是投资者增加资金的必由之路。由于市场上存在各种各样的金融产品，投资者在选择金融产品时感到困惑，从而影响风险的管理。承担最小风险可能会使你的财务目标无法实现，但风险太大会导致重大损失。解决方案有三个策略：多元化、持续投资和长期投资。

对于新手投资者而言，多元化本质上意味着不将所有鸡蛋放在一个篮子里，或者不将所有资金投入到单一资产类别中。通过分散你的资金，你同时也是在分散投资的风险。因此，旨在保持不同资产的资金平衡，你可以获得更安全和更高回报的良好投资组合。通过这种方式，如果高风险投资发生问题，你将不会失去一切，因为你还可以拥有较低的风险资产来维持运营。

为了引导投资者分配投资，有一个行业经验法则，你可能想要试一试。以 110 减去你的年龄，你将会获得一个数字，该数字是你应该投资于股票的投资组合的百分比。例如，如果你 40 岁，将 70% 存入股票（110 减 40），其余的 30% 可以选择投资到债券。但是，你可以使投资组合更加丰富，将其他投资类别添加到你的组合中，你可以将你投资到股票的 70% 资金减少成 60%，然后将 10% 的资金投资到房地产；将你投资到债券的 30% 减少成 25%，并将剩余的 5% 以现金的方式储蓄到账户中。

最终，你的投资组合应考虑年龄、对风险的态度、财务目标和投资时间表等因素，这些因素都是相互关联的。长期投资者更有利于进行风险较高的投资，因为他们可以随着时间的推移从任何潜在的损失中恢复过来。长期投资适用于能够承担更多风险的年轻投资者。随着年龄越来越大，专家建议逐步降低风险。因此，了解风险承受能力至关重要，以确保在不损害经济利益的情况下，你可以努力获得更高、更稳定的投资回报。

总 结

1. 为了构建财富，从现在开始储蓄和投资。

2. 为了提高净值，你需要增加资产。

3. 为了分散风险，你要投资多元化。

4. 回报越高，风险越高。

5. 警惕快速致富项目。

6. 根据自己的情况（包括资金、风险承受能力等）选择适合的投资类型。

第9章

借贷

一、为什么要借贷?

当你借钱时，你需要问清楚自己借款的目的是什么。切记，你借来的钱是满足实际的需要而不是满足欲望。

当你想要借款或者用信用卡购物的时候，请先问清楚自己以下几个问题：

· 这个产品或服务，我只是想要买还是真的需要？

· 我负担得起分期付款吗？

· 如果这是一笔持续的开支（如购买了一辆汽车或一套房子），我首付款可以多付一些吗？

二、关于借贷的词语解释

· 固定贷款率：在贷款年限内利息费用是固定的。

· 月最低还款：卡片持有者每月最低还款额。

· 月余息：基于当前未还余额每月计算的利息。

· 年费：信用卡一旦激活，每年收取固定费用。即使信用卡未被使用，费用照常收取。年费是强制原则和附加条款，除非卡片持有者放弃申请信用卡。

· 最低贷款额：最低贷款额是银行部门对申请贷款的要求。

· 最低贷款期限：银行机构提供贷款或金融服务的最短年限。

· 最小免息期：宽限期，即没有利息费用时期（取现和余额转账除外），从账单日起至还款日，通常为 20 天。宽限期仅用于购买。

· 零息计划：卡片持有者可以通过选择 3、6、9 个月或者 12 个月免息分期的方式进行购买。

· 贷款锁定期：借贷人被银行要求维持他们贷款且不会产生任何罚款的最短时间。

· 可变利率融资：房贷总利息，基于银行最新的基本贷款利率百分比计算。

· 执业评估人对于不动产（房地产）价值评估的书面分析。

· 估价费：财产评估人评估财产的费用。估价费取决于财产价格。

· 定期贷款：一种定期偿还的贷款，通常超过一定期限，例如 10 年。

· 定期融资：一种在规定时间内的定期分期工具。

· 固定收费：租赁融资总利息费用，计算标准基于融资有效期内的固定利率。

· 贷款协议中的印花税：每份协议上的印章都应向政府部门（印花税局）支付税费。应支付税费取决于贷款总额。

· 支出计划：个人收入与如何支出的计划，应是能保证有足够储蓄用以投资和应对紧急情况的计划。

· 灵活月还款：借款人可在任何时候且无需银行允许的情况下偿还比月分期金额更高的金额。

· 固定月还款：借款人每月支付固定金额直至贷款结束。

· 财产购买协议：一份由银行和客户间签署的关于银行向客户出售财产的书面合同。合同包含了类似售价、支付和融资条件、税费、权利和每部分的法律救济主要条款。

· 毛利：在融资期限内银行向顾客收取的使用该基金的费用。

· 预付罚金：金融机构对于提前还清全款收取的费用。该费用通常占贷款总额一定的百分比或者为 × 月的利息。

· 透支：持有信用卡的消费者被允许开出超过经常账户

信用余额的支票，但必须服从金融机构预先批准的限制。

· 透支率：银行机构向借款人收取的透支使用费，费用按日结算。

· 未偿还贷款：剩余未还贷款，包括利息和其他费用。

· 投资风险：投资不同于储蓄，投资涉及风险。一项投资可能受到市场环境、公司收益率、信用情况等多重因素的影响，可能导致投资本金受损。[①]

三、借贷规则

为了生产性目的或你确实需要这一件必需品，在你没有足够现金支付的情况下可以借款，包括：买房子、买车、送孩子继续深造或满足紧急需求。

在能力范围内借款。你借款的金额必须在你能轻松归还的范围内。每个月的还款总额不应超过月净收入（薪资收入扣除法定税款、公积金和社会保险金之后）的 40%。

借款人有道德义务必须偿还借款，并时刻警醒自己，若不根据还款条例按时偿还贷款，你的个人信誉将受到影响。

生产性债务和非生产性债务实例对比如表 9-1 所示。

---

① 资料来源：www.bankinginfo.com.my。

表 9-1　　生产性债务与非生产性债务

生产性债务（资产投资）	非生产性债务（个人享乐）
以较低的、有竞争性的利率，借款投资高质量资产	在无任何消费节制的情况下，用新的贷款偿还现有贷款
购买住宅，并有计划性地偿还房屋贷款	以高利息个人贷款去满足度假等时尚生活开支

正如上表所述，唯有以正确的目的实施借款才可有效地帮助资产升值。若已经知道自己借贷的目的和需要借贷的时间，接下来让我们了解一下贷款类型。

四、借贷类型

两种借贷类型——抵押贷款与无担保贷款的对比如表 9-2 所示。

表 9-2　　借贷类型

抵押贷款	无担保的贷款
✓ 以一定的财产作抵押或质押，通常更容易获得借款 ✓ 债务履行期届满抵押人未及时履行偿债义务，抵押权人有权获得其资产的使用权，并可出售资产以清偿债权 ✓ 常见的抵押贷款类型有住房贷款和汽车贷款	✓ 无任何财产作抵押或质押 ✓ 依靠自己的信贷背景和能力偿还债务 ✓ 一般说来，无担保贷款类型可借贷资金数额少、借贷期短、利率高 ✓ 为了降低贷款风险，无担保贷款一般需要担保人 ✓ 常见的无担保贷款主要有信用卡贷款和个人借贷

五、贷款方主要看重什么？

当你申请信用卡、个人贷款或任何其他类型的信贷时，贷款方必须首先评估你是否存在信用风险。在评估信用风险时，贷款方会考虑借款人履行偿款义务的能力，这将在一定程度上决定贷款的定价。

贷款申请是否成功主要由以下几个方面因素决定，我们将它们称为信用的3P准则（如表9–3所示）。

表9–3 3P准则

借贷目的（Purose of borrowing）	为了更好地评估借贷风险，贷款方要了解贷款原因，并且不同的贷款目的匹配不同的贷款类型，例如为购房而借贷的，采用住房贷款类型，为租购汽车采用的则是分期付款贷款类型。贷款目的、担保或无担保贷款，将直接决定这笔贷款的利率和期限。
偿债能力（Payment ability）	偿债能力至关重要。借贷方希望借款人能具备足够的收入结余或现金储备来支撑新的财务负担。他们希望看到借款人岗位持久、收入稳定。因此，借贷方会评估借款人的现金流量状况。另一个体现支付能力的重要指标就是借款人的债务收入比。
付款历史（Payment history）	借款人过去或现有的支付记录将被用来判断是何种类型的“财主”。如果借款人的支付记录不是很令人满意，那他获得新贷款的机率将会很小。

六、债务收入比

债务收入比是个人每月贷款总额与其月净收入总额之间的比例。高债务收入比说明一个人可能没有足够的现金来满足他的月度开支。

一般而言，所有贷款和信用卡债务的每月还款总额不应超过每月净收入的 40%。

A 先生每月净收入为 3800 元，每月包括住房、汽车和信用卡在内的还贷总额为 2128 元。则：

债务收入比 = 月贷款总额 / 月净收入

$$=2128\div 3800\times 100\%=56\%$$

在上述案例中，A 先生的债务收入比高于 40%。在这种情况下，他最好努力降低该比率。

那么，如何降低债务收入比？

——你可以通过增加收入或减少贷款债务的方式降低债务收入比。

所以，不要过度借贷或过分依赖信用卡消费，因为这将直接影响你的债务收入比，反过来可能还会影响你的信誉。

七、利率效应

利息是借贷者使用货币资金而支付的代价，或因存款货币化所获取的本金以外的报酬。贷款利率是贷款人为借款人融资时所承担的风险的一种量度，风险越大，贷款利率就越高。

主要存在三种类型的利率，如表 9–4 所示。

表 9–4　　三种类型的利率

统一利率	这类利息是根据一定贷款期限内贷款总额预先计算的。
固定利率	这类利息是基于整个贷款期间的贷款余额计算，而在此期间利率不予浮动变更。
浮动利率	这类利息同样是基于整个贷款期间的贷款余额计算。但在此期间利率水平随某一基础指数或基本利率的变化而浮动。借贷浮动利率的基础指数或基本利率通常采用基本贷款利率（Base Lending Rate，BLR）。若不以此为基准，则可根据贷方感兴趣的某一市场利率进行调整。

统一利率是根据整个贷款期限内的贷款总额预先计算的，因此要偿还的利息也更高。这也正是其与固定利率和浮动利率不同所在，后两者均是在贷款余额的基础上进行利息计算。

八、借贷的其他相关知识

（一）信用卡用户必须避免的 6 个常见错误

当你考虑使用信用卡时，首先想到的是什么？方便购物？奖励？随时随地消费？如果回答是正面的，那么还应该明白，当使用信用卡的时候你还要记住一个至关重要的因素，那就是责任。因此，使用信用卡消费时，千万不要犯下这常见的 6 个错误：

1. 不充分了解你所有信用卡的内容和成本

你拥有信用卡，但是否确定这些卡为你的生活提供了哪些帮助？假如你经常去旅游或者希望更频繁地旅行，那么航空里程信用卡对你的好处远远超过购物现金返还的信用卡。如果两种信用卡你都需要，那么要根据不同目的，正确使用这几种信用卡。另外，同样重要的是，了解与分析每张信用卡的使用成本，再决定是否使用它们。确保你知道信用卡每月最高和最低消费额。

2. 忘记你的奖励积分

奖励积分一般都是在一定的期间内有效的，超过了有效期，你好不容易积累的奖励积分将会作废。所以你要密切关注你信用卡的奖励积分，在有效期内尽量把它们用完，这样你不仅能得到一些好处，还可以总结你的消费额度。

3. 错过付款时间或者只支付最低额度

是的，我们当中有很多人在某个时候犯了这个错误。在到期日之前或到期日当天，你应该完成每月的信用卡账单支付。这样，你不仅可以免除滞纳金和其他罚款，还可以确保你的信用评分不受滞纳金的影响。

4. 肆意使用信用卡

信用卡使用方便是毫无疑问的，但如果你不以正确的方式使用它，那么可能会遇到严重的财务问题。信用卡提供商会给你很大一笔信用额度，但如果你经常花掉大部分的信用额度，你将如何偿还这笔钱？如果你不能还清你已经花掉的钱，并且只能支付你每月信用卡账单的最低金额，你会发现自己很快就会处在一个无止境的还款周期中。在这种情况下，每月除了本期该还的金额，你还要另外缴纳上期未还款金额的利息。因此，只有用储蓄来偿还欠款时，你才可以使用信用卡，并确保按时全额支付。

5. 提取信用卡里的资金

提取信用卡里的资金？你最好不要有这个想法，因为信用卡供应商从你取现金的那一天起就立即征收很高的利息费用，再加上一大堆其他费用，这会使你承担巨大的金钱浪费。如果你在海外取款，会有更高的利息，所以千万不要起这个念头。

6. 用信用卡在国外购物时不用当地货币支付

在国外消费，你喜欢用信用卡支付，因为信用卡提供用本国货币支付的服务。很多人认为这样可以节省汇率费用。但是，实际上许多商家利用我们的不确定性来提供一种叫做动态货币转换的服务。当你在国外消费，商家已经将他们的原价加上兑换率了，所以你只要注意就会发现实际价格与你用信用卡支付的价格有差距。你支付的金额明显高于不用本国货币支付的金额。所以要小心，在国外购物时，一定要选择外币支付。

（二）申请个人贷款时必须避免的 7 个常见错误

当你急需资金时，个人贷款是绝对有用的。个人贷款一般不需要任何抵押，因此比住房贷款和汽车贷款利率更高。但是，你要切记只在需要的情况下（你无法从其他渠道筹集资金）才考虑个人贷款，而且要明智地使用这笔高利率的资金。如果你随便使用个人贷款，要么会使你陷入债务中，要么会削弱你获得个人贷款的机会。

在这里，我们将指出申请个人贷款时必须避免的 7 个常见错误，希望能帮助你有效地使用个人贷款。

1. 算错个人贷款的成本

人们在获得个人贷款时最常犯的错误可能是错误地计算其真实成本，这通常高于所公布的利率。比方说，你以4年周期（48个月）支付8%的利息借了2万元。你可以计算出需要支付的总利息是1600元。但实际上，利息的计算是本金的32%（8%×4），即6400元，总计需要支付26400元（20000+6400）。所以你每月的分期付款是550元（26400÷48），实际支付的利息是6400元，而不是1600元，最终的计算结果比你当初的计算结果多4800元。因此，无论何时你需要个人低息贷款，在你申请之前都应该尝试计算贷款的真实利率。真实利率被称为有效利率。有效利率常在产品清单中被提及。

2. 不假思索地接受提供给你的首笔贷款

当你急需一笔钱的时候，只需要说声“是的”即可提供首笔贷款给你。但是这种轻率的决定会使你陷入债务，特别是如果你最终选择了一笔昂贵的贷款。在你签订贷款协议前，通常建议确认和比较利息和利润率、资格要求和其他信息。

3. 无预先计划

这里要讨论的第一点是，我们许多人在不顾一切地获得贷款时，错误地计算个人贷款的真实成本（花费），发生的原因是我们没有预先计划。除了做适当的研究得出最佳利率外，同样重要地是证明我们究竟如何还贷。第一步是看新的分期将会给我们的预算增加多少负担，然后根据结果做出决定。由于缺乏适当计划，每个月我们艰难支付分期并且错过截止日期，其结果是缴纳罚金。申请个人贷款之前一定要精心的计划，并且在获得贷款后千万不要错过任何一次分期还款。

4. 没有阅读贷款合同细则

想象一个情形：今天你可能会极度地需要资金并因此考虑获取 4 年期个人贷款。但是，2 年之后，你拥有足够的钱用于还清余下的贷款并不理解为什么应该继续按揭。因此你拨打银行电话去了解你如何才能提前偿还余下全部贷款。但可惜，银行不允许提前还款，然后你会惊奇：“为什么在申请贷款之前没有阅读细节条款和条件？”许多像还款选项这样的关键信息在贷款合同中的条款和条件中有列出，但是往往由于我们太懒惰以至于忽略了它们，并且自以为我们无所不知。所以，不要犯跳跃式阅读贷款合同细则这样的错误。

5. 没有公布完整信息

切记，在申请个人贷款时，如果没有提供真实和完整的信息，那么将会给你带来严重的后果。必须要确保你在贷款申请表上填写的个人或其他信息是真实和准确的。银行会对你提供的这些信息的真实性进行确认，包括工作状态、联系方式、家庭住址和收入状况。

如果你没有公布所有信息或者伪造信息，银行可以对你采取法律行动。如果贷款已经下发，你将必须立即还清所有贷款。另外，你还将为你的欺骗行为支付一定的罚金。

6. 没有维持良好的信用分

如果你打算申请个人贷款，维持良好的信用分是必须的。即使你没有提供，银行也会通过你的信用分进行评估。这意味着在你申请贷款之前，必须确保之前所有贷款和账单（例如信用卡账单）已经还清。底线是准时还清你存在的债务来维持良好的信用分。

7. 为他人贷款

有时你也许会发现你的朋友或亲戚急需用钱。他们也许因为各种原因无法用他们的名字贷款。如果你认为用你的名字为他们贷款是对他们的恩惠，请再三考虑。

如果他们用各种理由不还款，这将会为你增添多余的债务。你不得不为这笔贷款还钱。如果你不还按揭，那么这将会影响你的信用分并且你会受到罚金的处罚。

总之，你不借钱给别人是最好的选择。要不然就要确认什么样的方法才可以帮助他们获得他们自己的贷款。

总 结

1. 借贷是用来满足你的实际需要，而不是你的欲望；最好只是出于生产性目的借款。

2. 在能力范围内借贷——尽量每个月的还款总额不要超过月净收入的 40%。

3. 当你借贷时，请牢记 3P 原则：

——借贷的目的；

——支付的能力（偿贷的能力）；

——付款的历史记录（跟踪记录）。

4. 了解不同类型的利息计算及其对总借款成本的影响效果。

5. 在成为担保人之前请先三思。因为如果借款人不能或拒绝偿还借款，你将承担责任！

第10章

债务管理与债务责任

一、债务管理

（一）为什么我们要进行债务管理？

债务虽然是一种压力，但在我们的生活中是不可缺少的。你刚毕业，走进职场，需要买一台手机、一辆车，甚至一套房子，这些对于年轻的你来说都是很大的挑战。如果没有一个强大的后台，你当然要借贷来实现不同的财务目标。

有效地管理自己的债务意味着量入为出，根据你的收入而消费，千万不要超过你的经济能力范围。良好的债务管理可以帮助你更快地实现财务目标，而糟糕的债务管理则会对你的生活产生负面影响，甚至它可能会使你进入人生低谷。

我们一起看看有效管理债务的好处：

1. 改进你的现金流

你是有债务的人，但是如果你能够有效管理你的债务，把它控制在可控的水平上，你会有更多的钱留作储蓄，因此你会有一笔较为自由的现金流，这意味着你随时可以使用这笔现金进行其他投资或者建立一个紧急账户。

2. 获得更多的财富

建立财富的很大一部分是对债务做出明智的选择。通过明智地管理你的债务，你将减少你的负债，同时提高你的净值。所有这些都会促进更好的财富管理。

3. 避免逾期付款和罚款

有效地管理债务，可以帮助你避免逾期付款和罚款。减少债务的第一步就是按时偿还债务。

4. 降低借款成本

你可以通过不断监控你的还债进展来更快地还清你的债务。你还清所有债务的速度越快，你要支付的借贷利息就越少。

5. 提高你的信誉

如果你能很好地管理你的债务，你就为将来的借款创造了一个更好的记录。这是因为你的所有付款历史都会被记录下来，而且各个金融机构都能够查得到。你的支付历史良好，那么你的借款单会更容易被接受。

6. 与身边的人建立更和谐的关系

你处理债务的能力越强，你与家庭成员的关系就越好。家庭成员就不会经常为钱争论或产生误解。通过更好的债务管理，不仅你与家人的关系能够得到改善，而且还能扩展到你的朋友和同事。这将使你的生活环境更加和谐，工作效率更高。

（二）如何管理你的债务？

在这部分我们会提供一些帮助你控制你的债务的建议：

1. 有选择的借贷

在借贷之前，你要确定自己目前的收入能够支撑得起这笔借贷。你要记住，要根据你目前的收入情况来借贷而不是根据你对未来收入的预期借贷。因为如果事情没有如你所预期那样发展，那么你会无法用当前的收入偿还那笔借贷，结果你很有可能陷入债务困境。

另外，如果你准备购买某种产品，你不应该只计算该产品的费用，还要加上该产品将带来的附加费用。例如，在购买汽车时，你选择分期付款购买方式，那么在决定月费支付的金额时，你还应该对燃料、通行费、维修费进行预算。

2. 明智地管理你的信用卡

如果你已经使用信用卡消费，那么你要记得，每月还清你所透支的全部金额，以避免利息费用。这是因为信用卡的未偿余额的利息费用通常高于传统贷款的利息费用。如果你无法支付全部金额，那么你要尽可能还最多的金额，而不是只还最低金额，因为这将更快地减少未付金额，并减少利息的费用。但是，如果你只能还到期的最低金额，请确保这只会持续很短的时间。

如果你想购买昂贵的产品，可以选择由信用卡发行商提供简易支付方案。这种方案允许你在一段时间内（例如 6~12 个月）快速支付购买的产品的费用，而无需收费。

除非绝对必要，否则不要从信用卡中提取任何预付现金。

限制拥有的信用卡数量以避免超支。

如果你发现无法控制信用卡的使用，请取消信用卡。

3. 还清你的债务

如果你有闲钱，比如一次性奖金，你应该用这笔钱还清贷款，以节省利息。

4. 使用自动付款方式支付账单

考虑一些自动付款的方式，以便按时支付到期欠款。例如，你可以委托银行定期从存款账户中自动扣除资金以支付每月的欠款。

5. 制定预算

制定预算并坚持执行，这样你就可以跟踪开支，避免超支。制定预算的步骤包括：

首先，列出所有来源的收入；

其次，列出固定费用，包括固定贷款还款，如住房和机动车分期付款以及信用卡还款；

再次，列出可变费用，如水电费和食品费；

最后，计算财务状况，即总收入减去总开支（包括固定费用和可变费用）。

你的财务状况可能显示预算盈余（收入超过支出）或预算赤字（支出超过收入）状况。如果有预算赤字，你需要立即采取补救措施来解决负净值的问题。

6. 建立你的储蓄

通过制订一个储蓄计划来积累你的储蓄，因为这样可以减少你不需要的消费。你还应该设立一个应急基金来支付意外事件（失业、车祸等）发生期间的生活费用。一般来说，应急基金应足够支付 3~6 个月的固定贷款还款，如住房和汽车分期付款以及信用卡还款。

7. 负债与收入的比例

你负债过多吗？你可以用负债与收入的比率来判断你是否负债过多。这一比率将你的收入与固定贷款还款（如住房和机动车分期付款以及信用卡还款）进行比较。

你的月总收入：5000 元。

你的月固定贷款还款：10000 元。

负债与收入的比例：1000 / 5000=20%。

如果你的收入是年薪制，请在计算中使用你的月平均收入。大多数银行机构在考虑你的贷款申请时，会计算你的负债与收入比率。一般可接受的债务收入比最高可达 30%。

（三）可以采取什么措施来处理债务偿还问题?

如果你在偿还债务方面遇到困难，你可以参考以下措施：

第一，联系你贷款的银行机构并向他们解释你的问题。当借款人在还款方面遇到困难时，银行更愿意提前知道情况。这是为了确保双方都能制定出一个可接受的解决方案，因为问题仍然是可管理的。一般来说，银行会考虑通过改变早期贷款协议的条款来改变还款金额。你可以通过向你的银行提供相关的详细信息和证明文件来支持你的请求，以证明你的财务状况。请记住，银行机构一般不希望借款人拖欠贷款还款，因此不要害怕与你的银行交谈。

第二，制定预算（见“如何管理你的债务”的部分）。

第三，根据预算制订开支计划，以减少开支。由于预算清楚地显示了你的总开支（固定开支和可变开支），所以很容易看出在哪里可以减少开支。因此，支出计划应考虑住房、医疗保健、公用事业和教育费用等必要的支出。支出计划有助于你财务规划，避免不必要的支出和冲动购买。要想让支出计划发挥作用，你必须坚持下去，对你的生活方式做出必要的改变。

第四，考虑用你的储蓄或盈余资金来清偿你的债务。如果你贷款的利息高于你从储蓄中获得的收入，那么用你的剩余储蓄（扣除应急基金）来偿还你的债务是有意义的。

第五，在现金流改善之前，不要承诺任何新的融资。此外，如果你觉得你没法控制你的信用卡的使用，退回或取消所有的信用卡。你还可以考虑将利率较高的信用卡余额转移到利率稍低的信用卡余额。

第六，努力增加你的收入，例如找份兼职工作。任何额外收入以及控制费用都将有助于清偿你的债务。

第七，卖掉你的资产来偿还你的债务。例如，如果你拥有一栋大房子，你可能要考虑卖掉它，然后买一栋小房子，用多余的钱来偿还你的债务。

（四）债务导致的信用记录不良，如何改善？

1. 什么是信用记录？

信用记录包含了有关你的借款和付款历史的详细信息以

及个人资料。信用记录可以告诉银行他们需要知道的一切。比如，你的第一个银行账户是什么时候开的？你信用卡付款迟到了多少次？贷款被拒绝了多少次？这些都反映在你的信用记录中。不管你认为这些信息多么微小或无关紧要，它们总是会出现在你的信用记录上。

在你的信用记录中包含一个称为信用评分的排名。信用评分实质上是银行用来确定你能按时偿还贷款的“可信度”等级。这就是为什么无论何时你申请贷款或信用卡，银行做的第一件事情就是查看在你的信用报告上的信用评分。

2. 你有一个糟糕的信用报告……你会怎么样？

如果你有一个不良好的信用记录，那么可能在很长时间内你的生活会遇上很多麻烦。如果你的信用评分比较低，那么银行根本不会信任你。这意味着每当你申请任何形式的贷款时，你得到的唯一回应就是“不，不，不，不，不”。为什么？因为银行要规避风险。想想看，你想借钱给一个不会还钱的朋友吗？

如果你有一个糟糕的信用报告，不幸的是你没有办法一夜之间改变它。不过，随着时间的推移你可以采取措施来提高你的信用评级。

3. 你能做什么来改善自己的信用记录？

第一，核实你信用记录里的所有内容是否都是正确的。

你应该采取的第一步就是检查你的信用记录是否有错误，以修复你的不良信用评分。你的信用报告的副本可以很容易地从银行完全免费地获得。你若发现信用记录有错误的话，你需要做的就是把你的信用记录带到银行，然后填写一份申请表。

信用记录的错误有时候是由系统发生故障导致的，但是更多的情况是人为导致的，比如你的银行卡被盗用或者某人利用你的身份借款等，这些身份盗窃会对你的信用评分产生很多、很长久的负面影响。避免身份窃贼侵害的最好方法是经常检查和核实你的信用评分，一旦你发现任何差错就立即向银行报告。

第二，削减开支，开始清偿债务。偿还债务的下一步是让你的支出得到控制。如果你有不止一张信用卡，你应该确定每张卡的债务总额和利率，并努力先把最高利率的卡付清，然后再还清利率第二高的卡。

一定要严格控制你的开支，你要记住你的目标是还债而不是增加债务。清偿债务不只是为了弥补利率漏洞，它也有助于提高你的信用评分。当银行注意到你正努力快速还清债务，他们对你的信心就会增强，这会给你的信用报告带来急需的提升。

第三，准时还款。长期推迟还款会对你的信用评分产生不利影响。银行非常关注你的还款历史，如果你养成了迟付的习惯。当一家银行发现你经常不能按时付款时，他们会自然而然地认为你也会拖欠他们的款项。所以，当你的账单每月到期时，努力按时还款。虽然提前付款一个月不会让你的信用报告立刻从“坏”跳到“好”，但保持这个习惯最终会提高你的信用评分。

第四，停止申请更多的贷款。从其他地方贷款来偿还现有的贷款。虽然这个想法听起来很有吸引力，能在短期内解决你日益增长的债务问题，但是其实你这样做会破坏你的信用评分。如果你的信用评分很低，那么申请更多的贷款基本上都是没有用的，因为银行很可能会拒绝你的所有申请。你的贷款申请被拒绝越多你的信用评分会越低，这样的循环会使你的债务更难还清。因此，你应该把注意力集中在降低债务上，而不是让自己陷入更多的债务中。

二、债务责任

债务，“债权”的对称。是指债的法律关系中，债务人依法对债权人所承担的一定行为[①]。债务人可以是公民，可以是法人，国家作为民事主体出现时也可以具备债务人的资

① 邹瑜、顾明：《法学大辞典》，中国政法大学出版社 1991 年版。

格。当你成为债务人，有义务履行与债权人签署的相关协议条款。债权人主要通过法律手段，令违法或者违反合同义务之人去履行。

如果打算借贷，那么在借贷之前应该了解签署借贷协议后，你要履行什么样的义务；如果无法履行义务，你将要承担什么样的责任。在以下内容中，我们将讲述关于债务责任的一些知识。

（一）房贷逾期会发生什么

根据金融机构数据显示，2017 年马来西亚未偿还房贷持续扩大，同比增长 10.1%，已达到 4602 亿元。约有 75% 的借款人（1500 万人）是首套房购买者。根据银行分析，融资渠道不是购房者面对的主要问题，基本问题是负担能力和合理价格的住房供应不足。首次购房者不单面对首付的挑战，而且还有许多杂项成本，使购买房子的消费者要支付的现金远超过首付的金额。付完这笔首付之后，他们将必须按月还房贷以及其维持房子带来的其他费用。有不少人，由于不同的原因，错过他们每月的还款日。如果这样的话，贷款人会遇到什么问题？

1. 没按时还款的案例

谭先生贷款 540000 元购买了一套 600000 元的房子，其贷款明细如表 10–1 所示：

表 10–1　　谭先生的贷款明细

贷款总额	540000 元
贷款年限	30 年
利率	4.65%［3.9%（基准利率）+0.75%（银行利率）］
月还款额	2784.44 元

但是在第一年时，谭先生忘记每月按时还款并发现 10 月份时晚了 30 天。他收到银行发出的欠款通知。以下是他必须支付的滞纳金：

2784.44（月还款额）× 30 ÷ 365 × 滞纳利息率［3.9%（基础利率）+6.35%（惩罚利率）］=23.48 元

注意：惩罚利率由银行设定，不同的银行有不同的惩罚利率。所以，如果谭先生 10 月份晚了一个月未还款，他就要在 11 月时还清欠款，一共是 2807.92 元。

如果他 11 月没有结清 23.48 元的欠款会怎样？欠款时间已经延长到 60 天。那么，在 12 月，他将要支付 46.96 元的罚款，总计 2831.4 元。好消息是 60 天的惩罚利率仍与 30 天的相同；但是，如果他在 60 天内没有支付罚款，银行会保留修改利率的权利。同样，如果他及时支付欠款但低于最低还款额，他又一次延期还款，银行将把利率调高。如果他及时还款，那么利率会往下调整，但是利率不会回调成原来的利率。

王先生由于在海外没能在截止日期前还款。他说他看到他的月还款额从 1100 元涨到 1800 元。他花费了一年的时间及时还款，之后银行才将利率进行了调整，但他说他的利率根本没有调整回原来的利率，每月要支付还款额 1400 元，比开始多支付了 300 元。

让我们回到谭先生的案例，看一看利率在逾期还款前和逾期还款后的不同之处。如果谭先生的利率在第二年被调整。一般情况下，新的利率将按照 3.9% 的基准利率加上 2.85% 的银行利率计算利息。你要注意的是各个银行的基准利率是固定的，但是，不同银行所定的银行利率是不同的。这里我们大概计算一下谭先生逾期还款前和逾期还款后要支付的金额，如表 10–2 所示。

表 10–2　逾期还款前后利息变化对比

	逾期还款前	逾期还款后
利率	3.9%+0.75%=4.65%	3.9%+2.85%=6.75%
月还款	2784.44 元	3502.43 元
第二年（本金 + 利息）总计还款	33413.28 元	42029.16 元
第二年的利息总计	22468.15 元	32868.27 元

在利率调整至 6.75% 后，谭先生仅仅一年就多支付了 10400.12 元。

2. 为什么你不能逾期?

“一旦背负房贷，余生即使每天只能吃一餐，他们都将必须确保按时还款。如果他们做不到，那么，服刑的日子将等着他们! ”——厄内斯特 · 畅（Ernest Cheong，财产咨询师）。

习惯性的逾期会影响你的信用记录，因为信用报告反映了你过去 12 个月的活动和交易，如果在 12 个月中，你经常逾期还款，那么银行将给你极低的信用评价，对你之后在银行的交易会影响很大。如果你早已错过截止日期，你最好的办法是立即还款。虽然你的逾期还款已经被记录下来，但及时还款从长远来看有助于提高你的信用评分。

在谭先生的案例中，如果他想看到他的利率回到接近初始的程度，他必须立即支付每月额外的 717.99 元或 3502.43 元一整年。这意味着，谭先生因迟交抵押贷款而被罚款，他必须支付至少 10400 元作为额外利息。如果他仍然不还，那么这会导致更多惩罚，应计利息和最终违约都会积累在他的贷款上。

3. 怎么处理逾期还款的问题?

如果你错过还款的理由是因为忙碌的生活方式，那么你可以借助科技手段。你可以在手机上设置提醒或者在你的银行账户上使用每月自动转账还款的服务功能。

如果你有严重的债务问题，你需要专业的帮助。根据有关记录，在2012至2016年9月间，已经有接近22600名年龄在35岁以下的马来西亚人破产。导致破产的理由多是无力偿还车贷、个人贷款和房贷。处理这些问题的一种方法是到马来西亚的信用咨询和债务管理机构寻求帮助，另一种方法是尽快联系银行并且对条款再谈判。

再融资也是一种选择，所有人都可以考虑再融资他们的抵押贷款，用于减少每月的还款金额。通过出售房子，他们可以用卖房的钱来还贷款，也可以考虑通过搬进租金更低的房子来攒出更多的钱还款。不言而喻，买房子也许是重大的生活决策之一，但是更重要的是你要有还款的计划，不要将自己推进债务中。请记住，只要你正在还贷，从技术上来说你的房子就不是你的，它属于银行。[①]

（二）作担保人意味着什么？

在某一天你收到某个银行的通知，你已经被该银行列入“黑名单”中。这时候你应该会感到惊讶，原因是你提供担保的借款人没有按时还款或者完全没有还款，那么在这种情况下你要承担什么样的责任？

---

① 资料来源：https://www.imoney.my/articles/late-home-loan-payment。

首先我们要了解什么是“担保人”。“担保人”是指第三人向银行或者贷款机构提供担保，保证借款人能够还款。但这不仅仅是单单用语言表达的保证，这意味着，你要负责确保银行得到支付，这意味着在借款人无法还款的情况下，你必须自己支付借款人的贷款。简而言之，如果银行无法从借款人那里收取款项，担保人有责任偿还贷款。担保人根据与银行或贷款机构签署的保证文件的确切细节来承担相应的责任。

1. 必须支付你没有接受过的贷款？

简单的回答是肯定的。但是，当你收到银行的要求信时，你才需要赔偿金额。要注意的是，你和借款人会同时收到银行要求还款的通知。在目前马来西亚的法律中，没有任何法律强制银行或贷款机构必须先追索借款人，除非他们想要提起破产程序。即使有相关的文件规定银行要先追索借款人，银行只需要表明他们已经尽了一切努力联系借款人，但是失败了。这还意味着，如果借款人已经违约，这个记录将显示在你的信用评级中。

2. 能退出担保人的协议吗？

大部分银行是不同意让你退出协议的，除非借款人将借款还清或者银行做出违反协议的行为（这个可能是非常小的）。想要退出担保人协议或者防止后续的后果，你可以尝试以下几个方法：

第一个方法：你可以尝试说服银行你没有偿还的能力，有些银行在一定的条件下可能会同意，但是大多数银行都会拒绝的。

第二个方法：你也可以跟借款人商量，让借款人为你签署一份赔偿书，以确保如果他（她）违约你有权利对他（她）采取法律行动，或者从借款人得到赔偿。如果借款人是真诚的，他会同意签署该赔偿书。你要注意的是，在你与银行签署担保人协议之前应该跟借款人先签署赔偿协议，这样效果更佳。

3. 你想要成为担保人，要注意什么？

在你决定成为某人的担保人之前，你要先阅读以下几项内容：

第一，逐字逐句地阅读合同，如果你不能理解一些法律语言，聘请一位私人律师，确切地向你解释你在担保协议中的责任。不要签署任何你不完全理解的东西。

第二，问问你自己，如果借款人违约，你是否有能力偿还数额（如果你愿意偿还债务）。

第三，与借款人签署赔偿书，以确保如果他们没有付款，你可以对他们提起法律诉讼。

第四，确认在协议中涉及担保人的责任、借款金额和利息费用的所有细节。如果有什么遗漏，不要签字，永远不要签署一份半成品的文件。

（三）我们最常遇到哪种债务?

作为现代城市的居民，我们几乎不可能避免一两笔银行贷款逾期，甚至最终欠银行的钱。当步入成年阶段，开始进入劳动市场，我们的经济责任和负担就会开始堆积起来。通常，我们的债务问题从第一张信用卡开始。如果不留意财务状况，我们可能会被淹没在一堆债务中，甚至最终无法偿还这些债务。

1. 抵押贷款

我们一生中最有可能发生的债务大概是我们的住房贷款。一旦我们结婚或组建家庭，我们大多数人通常别无选择，只能拿出 30 年的抵押贷款来购买我们的第一套房子。

2. 个人贷款

个人贷款是从哪里产生的?通常我们用个人贷款来创业、资助我们的高等教育或是为了紧急目的。

3. 信用卡债务

如果我们知道如何明智地使用信用卡，信用卡会是一个很好的金融工具，但如果我们不能明智地使用它们或者过度依赖信用卡，它也可能会使我们陷入一大堆债务之中。透支是信用卡的最基本特征，所谓透支意味着我们不将钱存到信用卡里，但是仍然可以刷卡消费，但是一旦我们不能按时还款，我们将要支付利息。可怕的是，我们使用信用卡的时候，往往会失去控制，当债款积累起来，我们很难全款还债。如果不能完全还款，我们会面临着高利息收取的债务，我们的经济负担也会逐渐增大。

4. 作担保人

我们中的大多数人可能永远不会预料到这一点，但实际上许多人由于做了某人的担保人而导致最终欠了银行一大笔钱。

5. 破产门槛

如果你欠银行超过 30000 元的金额，并拖欠超过 6 个月，你将被视为破产。

如果你已经落入以上几种债务当中，那么在你无法赔偿的情况下，你将会承担什么样的后果？

如果银行确认你已经破产或无法偿还债款，那么你所有的资产将被冻结，包括你的银行账户和股票。这些资产将被清算以偿付你的债务。作为一个破产者，你将无法拥有任何财产，并面临许多旅行和支出限制。如果你的资产不足以还清你的债务，在法庭的帮助下你要做出一份约定，把你收入的一部分留给银行，以尽可能偿还债务。

一旦你完全还清了债务，或者你的债权人接受了你的还款计划，或者按照规定破产已经5年，你可以向法院申请免除破产。即使这样，法院仍然完全有权决定你是否有资格继续借款。

因此，预防胜于治疗，要防止自己陷入这种境地。重要的是要时刻关注你的债务和财务问题。

案例分析

担保人的责任

山姆和玲在当地一所大学上学的时候相识，并成为一对恋人。在相爱几年之后，玲请求山姆替她的分期贷款作担保，山姆很快便同意了并毫不犹豫地签署了担保责任书。

当山姆决定成为玲的分期贷款担保人并且在签署保证书之前，他没有向任何人征询意见，山姆相信玲日后会如期偿还贷款，而且他们很快便会结婚。

贷款三个月后，玲便开始拖欠还款，而山姆一直帮玲支付她的欠款。直到山姆发现自己深爱的人已经和另一个男人订婚后，满心震惊和伤心欲绝的他选择与玲断绝联系，并换了一份工作，搬到了另一个城市。

在山姆不知情的情况下，玲仍旧不履行其分期贷款的义务，并且经常变动工作、改变住所。由于玲没有履行还贷责任，贷款方收回并拍卖了她的汽车。尽管如此，玲的贷款仍有45000元未还款待偿清。

由于玲无法偿付这笔欠款，鉴于山姆是这笔贷款的担保人，贷款方向山姆提出偿还要求。但是，对于山姆来说，这笔还款的数额太大，同样也超出了其偿还能力的范围。

由于无法偿付这笔欠款，借贷方向山姆提起法律诉讼，要求其偿还未付余额。

总 结

1. 合理的管理债务可以给你带来很多好处，帮助你更好地管理你的现金流、获得更多的财富、提高你的信誉、避免被罚款、降低借款的成本、与身边的人建立良好的关系。

2. 平衡收入与支出，建立一个支出计划，当你无法控制使用信用卡，立即退回或者取消信用卡。

3. 当你遇到负债困境，马上采取措施，不要拖延时间，使用所有的现金余额还清你的债务，避免支付利息的费用。

4. 改善信用记录对你之后的借贷起着重要作用。

5. 当你成为担保人，你将要在法律上承担责任，甚至在借款人无法偿还欠款的情况下，你就要支付该笔贷款。

第11章

为意外事件做准备——购买保险

一、为什么你需要保险?

当你做出财务承诺时(如从银行贷款购买房子),你已经锁定了未来支出的一部分。一旦发生不幸的自然事件(如死亡或残疾)或经济灾难(裁员),你履行这些承诺的能力就会受到很大的影响,甚至无法履行承诺,你可能会面临资产冻结、资产拍卖等问题。为了避免这些问题,你可以选择购买一种金融工具来保护你的财务,即保险。如果你、你的家人或你的财物发生了某些情况,它可以为你提供财务缓冲或保护。

二、保险的目的

你投入保险的资金将使你能够：

· 修理你的个人物品的损坏或更换被盗物品（前提是这些物品已投保）。

· 当你的家人住院时，帮助你支付医疗费用。

· 当你因严重疾病或意外事故而无法工作时，它会帮助你承担你每月的生活费用、债务以及其他财务承诺。

· 当你不幸残疾、患上重病甚至死亡，它为你的家人提供一些经济支持。尤其当你是家庭唯一的收入来源，这笔经济支持更为可观。

三、保险产品

（一）保险的类型及相应的作用

相对储蓄和投资量而言，保险产品的需求正在增加，但人们在常规保护方面的意识却异常低。你应该把保险视为一个家庭的必需品，因为在你或者你的家人发生变故的时候保险可以成为你家庭的保护伞。

保险是投保人与保险公司之间的协议。许多人签订保险协议的主要原因是为了在生活遭遇类似死亡、疾病、家庭意外等不幸事件时获得财务救助用以抵消损失。保险人在保单期内遭遇意外，保险公司会立即赔偿或抵消该意外所带来的损失（称为“索赔”）。投保人将必须支付一定保险费用以确认投保项目。保费可能是每年支付一次，两年或者按月支付一次。另外，有一种投资保险计划（通常与人寿保险合在一起），保费中的部分被用作投资基金，这笔基金相当于你为未来的储蓄。听起来不错，不是吗？但是，不是每种保险你都需要。因此，在签订保险协议之前，你最好先了解各种保险间的区别。

保险类型：

· 人寿保险：被保险人死亡或永久残疾时，一定数额的保险费将支付给被保险人或受益人。

· 医疗保险：这类保险将支付保险单所包括的与医疗有关的财务费用。

· 机动车保险：这类保险将支付机动车辆由于自然灾害或意外事故造成人身伤亡或财产损失所需的赔偿费用。

· 房屋保险：这类保险主要保障火灾、入室盗窃、暴风雨等因素造成的房屋损失。

· 旅游保险：你在国外受伤、生病或经历其他与旅行有关的意外事故，保险公司将支付给你保险费。

为了让你更简单地决定应该签什么保险协议，我们将一些特定人群与适合的保险组合相匹配（如表 11–1 所示）。但是，请牢记，决定你需不需要的不是公式，而是你个人的生活习惯。

表 11–1 人物角色与保险投资组合

人物角色	保险投资组合	理由
找到第一份工作的青年职员——你的第一份工作并且你挣钱自己花	医疗	拥有第一份工作意味着你开始走上职业道路。这时候，你需要医保的福利为医疗开支作保障。不要让治疗费用成为你事业发展的绊脚石。
有家室的人——你是一位需要养家糊口的人，并且保护家庭是你的头等大事	人寿和医疗	你将需要人寿保险来确保你的家庭在没有你时能够负担沉重的生活开支。
旅行者——你是典型的喷气机常客，喜欢到别国冒险	旅行和个人意外	旅行保险是确保当你在海外需要治疗时能够承受医疗费。

（二）关于保险产品必须掌握的细节

现在你已经初步具备了保险的基本知识，接下来我们将进一步介绍更多你必须掌握的细节。

1. 每人都应该有一份保单

有时候，已患上疾病的人很难获得保单，但是实际情况证明这些人往往是最需要保险的人。例如，高胆固醇、高血压或者体重超标的人更容易患 4 种重病（心力衰竭、中风、癌症和肾衰竭）。鉴于需要，有一些公司围绕投保前已存在疾病的人提供特别计划（被称为“高风险保单”）。投保人一旦查出患有 4 种重疾，它将提供高达 20 万元的医疗赔偿。

当你关注健身时，这些特别的方案通过手续费打折或者增加覆盖保险范围等方式吸引你。因此，不要失去希望！如果你有任何健康方面的问题，你都可以咨询保险公司，他们能够为你特殊的需求定制更适合你的保险计划。

2. 你应该选择最优覆盖的保单

当你进入每个新的人生阶段，你的需求和情况可能都会随之变化。那么，你有必要重新审视或更新你的保险组合。例如，你从单身青年变成已婚人士，你可能就需要更新你的人寿保险和医疗福利组合，或者更新受益人以满足日益增长的家庭需要。另外，你还可以对其他保单进行修改，例如有无新的家用电器、家具是你想要纳入家庭保险名下的。为了优化覆盖范围，你同样可以更新保单的“附加条款”，这种“附加条款”可以与保单合并使用。这些附加条款可以提供诸如危重病、个人意外等利益保障。

然而，更新保险单并不只是更新你的保险金额或增加条款，它还包括审查你的保险投资组合，重新调整各个细节，例如，你的个人资料或者其他跟你的保险内容相关的细节。因此，当你重新审查或更新你的保险单时，你应该注意以下几个要点：

· 个人资料：再三核对你的详细资料，如地址、电话号码、单位等，因为这是保险公司与你联系的方式。

· 第二司机：如果你不是唯一一个开车的人，你也许该给你的汽车保险单上添加第二个司机。这将确保你的汽车和司机在事故中得到全面的保护。

· 受益人：你可以更改受益人，该受益人是指你过世后将获得死亡补偿金的人。该受益人可以是你新婚的配偶或子女等。

· 折扣：检查一下你是否有资格享受折扣。你的保险金额会随着你生活的改变而改变（比如受抚养人改变或与配偶关系的改变等）。

· 家居装修：当你打算装修或重修你的房子，你要先告诉你的保险公司，因为房子的改变会影响到保险的金额。你可以在每年保险条款更新的时候对其进行更新。

正确的保险覆盖范围可以带来巨大的不同。

投保的主要原因是获取投保范围内的利益。令人担忧的是，在马来西亚 90% 的人寿保险投保不足，这就意味着这些被保险人一旦发生任何意外，他们的家庭成员将得不到充分的赔偿金保障。2017年马来西亚投保不足的概率达到94%~98%。这是一个非常危险的信号。因为这将意味着马来西亚的家庭将没有足够的资金承受任何意外的发生，甚至连葬礼花费（约2000元到15000元之间）都难以承受。因此，拥有充分的意外保障是必须的，因为这会让投保家庭拥有足够的能力应对诸如危重病、永久残疾（那些会令你失业甚至死亡的残疾）等糟糕的情况。

3. 确定保险产品的金额

确定保险单的金额也非常重要。因为保险金额涉及保单限制范围。例如，一份金额为10万元的人寿保险意味着在你死亡后，你的受益人将收到10万元用以补偿损失。如果你不知道如何确定保险单的金额，你可以通过以下步骤来大概计算你保险单的金额。

（1）了解你目前的情况。你可以通过列出和回答这些问题来掌握你的生活情况：

· 你需要抚养多少人？

你可以通过你的经济依赖者数量来估计你需要多少金额的保险。

· 你每月挣多少钱？

记下你每月和每年的收入。这是为了估计一旦你发生什么事情，你的家人需要多少钱。这也决定了保险费的承受能力。

· 你的债务是多少?

计算你每月的债务，然后减去你每月的收入。这将确保你签署了一项可持续的保险单。

· 你为什么要存款?

列出你的人生计划和财务优先事项。如果你有家庭，你需要考虑孩子的教育费用，以确定万一发生什么事情的保险金额。

· 你的优先事项是什么?

了解你的需求，比如评估你需要什么医疗福利，或者当你不能再提任何经济支持时，你的家庭经济会怎么样?

这些问题如何帮助你？请看以下的案例：

杰克有两个孩子和一个全职太太。这意味着他有三个经济依赖者。

杰克每月的收入为 7 万元，年收入为 84 万元。

杰克每月的汽车贷款为 7000 元，家庭月开销为 3 万元，4 万元用于其他开销，如食品或孩子的教育。

杰克首要考虑的是他的家庭，这意味着他应该申请一份人寿保险确保他的家庭在他遭遇意外后有足够的财力保障。从细节中可知，我们可以算出 50 万元的保险金额对于他的家庭来说是不够的，这仅仅是半年的收入。甚至 100 万元也只够勉强维持一年的诸如房贷、固定开支或者支付杰克生前其他债务等固定开销而已。此外，他的家庭需要更多的时间重新站起来，他的妻子必须找到一份稳定的工作。

在购买保险的时候，注意不要购买超额的保险。超额的保险，即你签订的保单给予的资金超出你实际需要或者与其他保单有重叠。否则，你将会支付比实际需要更多的费用。例如，杰克在已经拥有人寿保险保单 100 万元的情况下，继续持有 20 万元的投资连结保险。投资连结保险的功能除了提供意外与疾病身故保险金、全残保险金等保障外，还有其他服务项目，如保证可保选择权和豁免保险费等。如此，杰克就是购买了重复功能的保险，而这是不需要的。

（2）了解你的承受能力。如果你选择比你要求的金额更高的保险，你支付的金额将会超出你能承受的范围。相反，支付尽可能少的金额来抵消收入的大额扣除，可能会导致你投保不足，一旦遇到紧急情况，将得不到合适的保障。因此，根据你的承受能力及需求，找到一个适合自己的保险金额，才能更好地发挥保险产品对你生活的保障作用。因此，评估你的负担能力，你需要多少，找到一个覆盖范围，确保你的政策符合你的优先事项列表。

（3）寻找咨询。你可以向有资质的机构咨询你的需求，一旦他们明白你的生活情况、你的承受能力、你的需求和期望之后，他们会推荐符合你需求的合适的保险产品给你。他们会将你的需求与保险策略相匹配，基于你顾虑的诸多方面，适当地调整你的保险策略，以确保你能得到足够的保障。

若是有意愿通过代理咨询保险的相关事宜，你可以考虑会见人寿保险公司的代理。[①]

（4）阅读你的保单。请多花费一点时间详细阅览你的保单，以更好地了解及掌握你保单上的所有服务条款及你所享有的保险权益的覆盖范围。

（三）人身意外伤害保险

1. 你应该购买吗？

谁都不希望发生事故，事故也是不可预期的。事故往往会损失金钱。不幸的事故不仅会改变你的生活，而且也会改变整个家庭的生活。

试问自己：如果由于严重事故导致死亡或者残疾，这是否会让你的家庭陷入财务困境？如果你是一家的顶梁柱，或者你为家庭贡献占多数，那么答案大都是“是的”。这就使得人身意外伤害保险对于你和你的家庭来说非常必要。人身意外伤害保险承担了事故的负面经济影响，并在你最需要的时候为你和你的家人提供保障。

① 资料来源：https://www.imoney.my/articles/insurance-crucial-rules。

2. 什么是人身意外伤害险？

人身意外伤害保险是一种年度保单，在仅由暴力、意外、外部和可见事件造成的伤害、残疾或死亡时提供赔偿。其中，暴力事件、意外事件、外部事件和可见事件的定义各不相同。

3. 谁需要购买人身意外伤害险？

图 11–1 反映了需要购买人身意外伤害保险的几类人群。

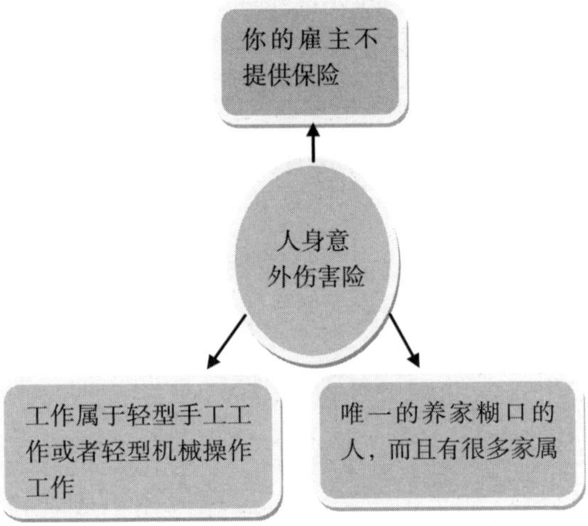

图 11–1 需要购买人身意外伤害险的人群

4. 有什么区别？

如果你早已拥有了人寿保险、医疗保险和健康保险，你仍需要人身意外伤害保险吗？答案是看个人。说实话，有些人需要，有些人足够幸运并不需要。但是，你怎么会知道意外是否会发生呢？

人身意外伤害保险和人寿保险或者医疗保险之间的不同在于结果——受伤或死亡。人身意外伤害保险不包括对由于自然受伤和死亡的赔偿，但是人寿保险包括。同样的，人寿保险不会对意外或者事故造成的伤害或者死亡进行赔偿。这就是意外伤害险作为人寿保险补充的原因，在发生诸如让你没有收入或者更糟，甚至是死亡的事故时，保险保护你和你的家人。这就是为什么同时拥有人身意外伤害保险和人寿保险是一个好主意，因为无论发生什么，你爱的人都可以得到保护。

表 11–2 反映了人身意外伤害保险、人寿保险、医疗保险范围和功能等的对比结果。在意外发生时，人身意外伤害保险可以为你提供保障。如果你严重受伤，你仍然需要医疗和健康保险为你的医药治疗买单。

表 11–2　　　　　三种保险的对比

人身意外伤害保险	人寿保险	医疗保险
基于行业性质、分类的溢价	基于年龄和健康状况的保险费	基于年龄和健康状况的保险费
针对完全永久性或暂时性的受伤，以及由于事故造成的死亡	覆盖完全永久性残疾，以及事故和自然原因造成的死亡	涵盖意外事故和疾病的医疗账单
该保险覆盖可能无法购买保险单的某些危险职业	不限制投保人的职业，但溢价可能受到影响	不限制投保人的职业，但溢价可能受到影响
提供 24 小时全球保险保障	提供 24 小时全球保险保障	是否限制地点，这取决于政策

5. 什么是覆盖和免赔条款？

每个保险公司的保险范围和规模都不同。因此，在购买之前仔细阅读以确保符合你的要求。个人意外伤害保险提供的覆盖范围如图 11–2 所示。

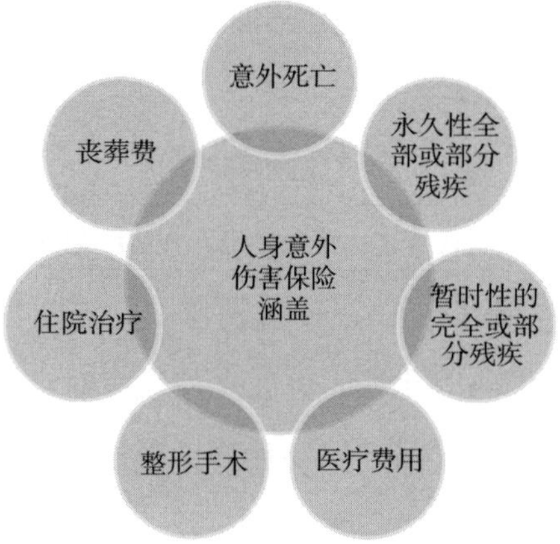

图 11–2　人身意外伤害保险覆盖的范围

图 11–3 列出的死亡或者伤残不包括在个人意外伤害保险内。

那些从事某些危险职业的人，如执法人员、潜水员、飞行员或机组人员、飞机测试员、赛车手、渔民或参加蹦极跳、攀岩和跳伞的高危娱乐人员，不包括在意外伤害险范围内。最好在签订前与保险人或代理人核实这些例外条款。如果你有不止一项人身意外伤害保险单，你或你的受益人将在你的死亡或残疾后得到赔偿。然而，像医疗费这样的赔偿只能从一个人身意外险保单中获得赔偿。如果医疗费超过保险总额，你可以使用第二份人身意外险保单。

图 11-3 不包括在人身意外伤害保险赔偿范围内的事件

人身意外保险不能代替人寿保险，如果你遇到不幸的事故，导致受伤、残疾或死亡，它可以为你和你的家人提供经济保障。在不幸之事发生后，你或者你的家人可以同时使用人身意外保险和人寿保险，以便全面得到保障。就像其他任何保险产品，不同的保险公司的赔偿条款和定义均不同。因此，潜在的顾客有必要阅读和了解不同保险公司提供的范围、免赔条款等。[①]

① 资料来源：https://www.imoney.my/articles/personal-accident-insurance-should-you-get-it。

总　结

1. 购买人寿保险的金额取决于你需要多少钱来维持生活方式，以及当你因疾病或事故而致残或住院时需要支付的各项费用。

2. 在确定保险金额之前，应该先了解自己的生活情况、承受能力，你也可以寻找专业人员咨询。

3. 保险代理必须由持有执照的保险公司任命。

4. 保险包括不同的类型，当你想要购买保险时，应该先了解该保险的相关细节，避免购买功能重叠的保险。

5. 在提出索赔时，确保你拥有保险公司所需的所有文件，以加快索赔过程。

第 12 章

我的人生阶段

一、我的职业选择

（一）选择什么样的工作？

跟很多人一样，你毕业后需要一份工作。无论你选择什么领域的工作，都要对该领域有兴趣，并确保你喜欢和享受你的工作。如果你具备的技能适合你做的工作，跟你所学的专业相关，那就更好了。如果你不喜欢数学，不要强迫自己从事会计职业。如果你喜欢与人打交道，你可以选择销售或者营销方面的职业。

（二）你的职业规划

你的职业生涯将占据你成年生活的大部分时间，所以要认真对待。你事业的发展将决定你的生活质量，因此要科学规划。每当你换到新工作时，确保这是一个积极的职业发展，不仅可以提高你的收入能力，还有助于提升你的事业前景。

无论你的第一份工作是什么，你都要确保从工作中学习基本的职场技能。培养你的书面和口头沟通技巧，能够写得好、说得好的人，才是最有可能在职工队伍中领先的人。学习如何与各级员工互动，努力提高自己的知识水平和业务技能。积极参加各种活动，展示自己的才能。阅读自己工作领域的相关管理书籍，有利于自我发展。你可以选择在一家公司建立自己的职业生涯，也可以选在不同公司发展自己的事业。无论如何，如果你正在考虑换工作，那么首先你要对这份新的工作进行评估，考虑这份新工作将给你带来什么样的好处。它是能为你提供更高的收入，还是会给你带来更好的发展前途，抑或是在这个新岗位上你能够更充分发挥你的知识和技能，还是更好的生活环境？无论你选择跳槽的原因是什么，请确定从长远来看，它是值得的。

你的工作是高薪的吗？在选择职业时，除了寻找有意义、富有挑战性的工作之外，同样重要的是要考虑薪水前景。每个人都需要赚钱来维持收支平衡，并能够为他们的生活开支和各种财务承诺提供支持。事实上，根据《2016 年海斯亚洲薪酬指南》，53% 的马来西亚人选择工作时，把薪水和福利放在首位。也就是说，10 名马来西亚人中有 5 人认为薪酬前景是选择工作或职业的决定因素之一。

虽然工资水平被马来西亚人视为一个重要因素，但根据调查，马来西亚人普遍对他们目前的工资水平不满意。“薪资探险家”（Salary Explorer[①]）的调查结果显示，马来西亚人的薪资满意度为 2.42 分，仅略高于全球平均水平——2.36 分。

“薪资探险家”最近发布了 2018 年最高薪酬工作排行榜，该排行榜根据平均月薪来确定马来西亚全国薪酬最高的工作。毫不奇怪，所有这些顶级职位一个月都有五位数的薪水。

1. 外科医生

领域：健康与医疗。

要求：博士学位。

月薪：70000 元。

---

① Salary Explorer 是马来西亚的一个职业资源网站，是连接人员与企业的平台。在这个网站上，寻找工作的人能找到丰富的职业资源和信息，该网站已对多个国家进行平均工资调查、生活成本调查等。

2. 首席财务官

领域：财务与经济。

要求：财务、经济、商务、会计硕士学位。

月薪：70000 元。

3. 市场总监

领域：商业。

要求：营销或工商管理硕士学位。

月薪：50000 元。

4. 临床医学联合会

领域：制药与生物技术。

要求：护理、生命科学或医学研究生。

月薪：50000 元。

5. 房地产中介

领域：销售。

专业要求：不分专业。

月薪：50000 元。

6. 风险管理总监

领域：保险。

最低要求：工商管理、财务管理、金融的硕士研究生学位。

月薪：40000 元。

7. 战略总监

领域：营销、经营。

最低要求：工商管理、行政管理或市场营销学士学位。

月薪：30000 元。

8. 飞行员

领域：航空。

最低要求：航空学学士学位。

月薪：30000 元。

9. 法律服务主管

领域：法律。

最低要求：法学硕士学位。

月薪：30000 元。

10. 电工与煤气工

领域：石油和煤气。

最低要求：电气工程或机械学士学位。

月薪：27000 元。

然而，请记住，伴随着这些高待遇的岗位一般都是工作压力大、工作时间长、出差频率高。换言之，你的工资越高你的个人时间就会越少。因此，在选择职业之前，你应该根据自身的条件慎重选择。虽然，工资是一个人选择职业的重要原因，但也得考虑清楚，你是否喜欢你的职业，因为基于自己的热情选择工作同样重要。如果你正在做喜欢的工作，工作效率会很高。在工资与兴趣两者之间取得平衡是事业成功发展的关键。记住，无论你的薪水有多高，金钱也买不到幸福与快乐。

（三）你的所得税

当你进入劳动市场，并且拥有一份正式的工作时，你就要开始缴纳个人所得税。一般情况下，你的所得税会由你的雇主直接发送给税务局。但是如果除了月薪之外你还有其他收入来源，那么当税务局评估你的总收入时，你可能在年底要支付更多的税款，你有责任向税务局申报所有收入来源并按时支付相应的税额。应纳税的收入包括：

· 薪资；

· 佣金；

· 奖金；

· 赏钱；

· 津贴（现金或其他）；

· 董事费；

· 养老金和年金；

· 股息和利息收入；

· 租金、版税和保费收入。

强烈建议你从月薪中预算所得税的金额，以防你在年末实际需要支付的金额超过从月薪中扣除的金额。

二、我想买车

在你参加工作一段时间之后，你的第一次重要的财务决策应该是买车。汽车是一种方便的交通工具，然而，拥有了一辆汽车意味着你每个月的费用就会增加。因为，汽车还附带其他杂费，如油费、通行费、停车费、道路税、保险、定期保养费。即使你能承担得起这些附加费用的话，你也要先考虑清楚你是需要还是想要这辆车。

当需要买车的时候，你必须决定是买新车还是旧车，人们经常认为买新车比较好，因为它的维护成本很低。虽然这可能是真的，但新车也可能有缺点。在决定你需要的汽车类型时，首先要确定你的负担能力。你的财务情况不太乐观，但是你需要一辆车，如果一辆新车将过度消耗你的财力，也许买一辆状况良好的二手车是你目前最佳的选择。

（一）买车小贴士

· 买一辆可靠并满足你需求的汽车。做些关于车的调查，向家人和朋友征求意见。

· 如果你决定买一辆二手车，找一个值得信赖的机械师或修车师傅帮你把关。

· 考虑汽车的转售或折价，如果你决定以后再卖。

· 如果你决定申请贷款，那就根据你的财务能力，在不同银行寻找最佳的贷款套餐，了解你将支付的实际利息是多少。

· 根据你的月收入进行预算。这笔预算应该考虑到每月分期付款的金额和相关的运营成本，如燃油费、通行费、停车费以及其他费用（道路税、保险和定期服务）。

· 努力多存些现金作为首期付款，申请一个更短的贷款期限。贷款期限越长，你支付的利息就越多。此外，如果你决定出售你的汽车，申请更长的贷款期限可能对你不利，因为你的汽车价值可能低于未偿贷款金额。

· 不要用你的信用卡支付首期付款，因为这样做意味着你将背负一个高利率的贷款。

· 准备好应付意外的费用，以便在发生故障或事故时及时修理，并且最好了解备件的可用性和更换成本。

（二）我该如何为我的车融资？

在大多数情况下，人们会贷款购买汽车。这种贷款通常被称为分期付款购买。分期付款购买是指在分期付款购买期结束之前，你可选择时间支付产品的费用。如果你借贷，你将成为租赁人，而金融家是所有者。作为租赁人，你必须根据约定的期限向融资人支付分期费用，同时，你有权利使用汽车。

（三）我要支付多少钱？

汽车贷款的利率通常是以固定利率为基础计算的，定期收费或利率每年不得超过 10%。定期收费是根据整个租购期的本金金额计算的。

车的价格：50000 元

首付(10%)：5000 元

贷款总额：45000 元

贷款利率(统一费用)：5%

贷款期限：5 年(60 个月)

计算：

收取的利息总额

= 贷款总额 × 利率 × 年

= 45000×5%×5=11250 元

贷款总额 + 利息

= 45000+11250=56250 元

每月支付金额

= 58250÷60=938 元

在这个案例中，汽车分期付款额为 938 元 / 月。为了评估你是否能负担得起这笔分期付款金额，你可以根据下面的计算方法来计算你每月需要的最低收入。这个最低月收入计算方法有个前提假设，即除了车贷的分期付款，你没有任何其他的分期付款。如果你有其他贷款，你每月偿还的贷款总额不应超过你每月总收入的 40%。

月总收入 = 每月车贷的分期付款金额 ÷40%

= 938 元 ÷40%

= 2345 元

按照计算的结果，你的最低月收入要达到 2345 元，并且你没有其他的贷款，那么你的工资是可以承受分期付款的金额，但是你还要考虑表 12-1 所示的相关费用。

表 12-1　　与购车有关的费用

固定费用		元 / 月	备注
1	分期付款金额	938	5% 的税率，在 5 年内支付完
2	车险	125	1500 元 /12 个月
3	公路税	8	90 元 /12 个月
可变费用		**元 / 月**	**备注**
1	油费	225	预计 0.15 元 / 公里 ×50 公里 / 天 ×30 天
2	维修费	100	估计
3	停车费用	100	估计
总计		1496	

按照上面计算的费用，那么你每个月要支付的费用就不仅仅是车贷的分期付款金额的 938 元了。建议你的分期付款期限不要超过 5 年。如果你的借款时间更长，当你想更换你的汽车时，你可能会发现未偿贷款超过了汽车的价值。如果

你付不起分期付款的金额，可以先付一大笔定金，或者买一辆便宜点的车。

三、我要买房子

买房子是非常值得庆祝的一件事情，尤其当这是你的第一套房时。但，这将意味着你将要支付一大笔钱，也许这是你财务规划中最重要的财务决策。大多数人很难攒够钱一次性支付房款，一般情况下人们将通过贷款来支付买房的费用。了解房贷的流程将帮助你节省时间，避免不需要的麻烦。在以下内容中，将为你提供有关购买房屋和房屋融资的各种问题的见解。

（一）买房还是租房?

拥有自己的家会给你一种自豪感、成就感和安全感，让你不用担心搬家的事情，你可以按照你的性格随时改造你的房子。不仅如此，当你将房贷还清，你的净值就会增加，因为房子已经成了你的固定资产。如果将来你想要投资某个项目你可以将房子再次融资。

然而，购买一套房子也有不好之处。你拥有一套房子意味着你的开支也会增加，这些开支来自于每个月的房贷分期付款，房子的装修费、维修费、物业费，等等。不仅如此，如果你对你的新邻居不满意，在房子增值后，你将它卖掉前，你可能会发现你好像被这套房子给“卡住”了。另外很多你无法预测的事情可能将降低你房子的价值，如洪水、火灾等。

那么，在什么样的情况下，租房是一个更好的选择？

· 当你付不起首期付款时；

· 当你等待房地产市场降温时；

· 当你还没有找到合适的地段买房时；

· 当你不想担心维护和维修费用时。

（二）为了投资而买房

投资房地产是一种强大的财富建设方式。通过购房，然后成为房东，你可以赚取不少资金。购房投资时你应考虑以下几个问题：

· 购买什么类型的房产会增加你的资金？

· 我能从我的房产中获得多少租金收入？

· 如果我的资金运转遇到困难（特别是当我的房产不被租赁时），我是否能够处理该房产的长期所有权和维护？

· 由于房地产是固定资产，不能很快售出，在你需要现金的时候，要怎么处理？

在投资房地产之前，你要考虑清楚你是否愿意承担相应的责任？这不是一项容易的任务。你要收取租金，但可能会出现租金延迟或不支付的情况。你还可能对你的房客不满意，因此不得不驱逐他们。此外，你还要支付维修费、制定租赁的协议、向税务局申报收入和纳税等。当然，你可以聘请专业人士来为你处理这些事情，但你也是要支付不少的费用。

（三）买房前要考虑的因素

买房前要考虑两个方面。这些可分为非财务方面和财务方面。

1. 非财务方面（见表 12–2）

表 12–2　　买房前要考虑的非财务因素

房地产的位置	你需要决定你想住在哪里，找到适合你的社区。有许多因素可能影响你对位置的选择。其中一些是： · 基本便利设施，如商店、银行、邮局、酒店、医院、休闲公园、学校等； · 公共交通是否便利； · 是否离工作的地方近； · 交通是否通畅； · 是否安全。
房地产的类型——别墅、多层或高层	主要类型的房地产是别墅、多层和高层公寓。别墅地产一般成本较高，尤其是离城市较近的地产，高层公寓通常更便宜。

续表

所有权类型——不动产或租赁权	当你在马来西亚购买了一处不动产，你就可以无限期地拥有它。另一方面，租赁财产只允许你在租赁期内拥有该财产，通常最长为 99 年。租赁期结束后，该财产将归国家主管部门所有，除非续租（续租时需要支付溢价）。因此，自由保有财产往往比租赁财产的价格更高。
所有权的可用性——个人或分层	所有权证明你对一项财产的所有权。所以，你要确定你想买的房地产是个人所有的还是分层所有的。如果你所购买的房产存在产权负担或权益限制，你就会受一些限制，这些限制可能影响财产的可转让性或可销售性。最好是请一位律师或熟悉这件事的人为你提供建议。
开发商的声誉	一个新楼盘的大多数开发商都采用先销售再构建的方法。因此，如果你买了一套新房子，你最初是看不到你想买的房子的。因此，开发商的名誉很重要。评估他们以往的项目，看他们是否遵守承诺。你要检查： · 他们是否按时交房； · 他们的工作质量； · 他们是否按照承诺提供在手册中的便利设施。

2. 财务方面

评估你的现金流和净值状况，以确定你的财务状况。基本上有两个主要的负担能力问题需要考虑，即首付及其他相关费用。在马来西亚，一套房子的首付一般是房价的 10%~20%，另外还需预留 5%~10% 的费用用于相关成本，如法律费用和印花税等。为了支付上述费用，常见的选择是：

（1）个人储蓄：用你的储蓄支付你的首付。首付的金额越高，借贷成本就越低。

（2）贷款：大多数人会用贷款来支付购房余额。在承诺贷款之前，你需要评估以下各项：

· 债务与收入的比率：我们之前讨论过债务与收入的比率。如果你目前正在支付汽车贷款，你必须评估你当前的收入是否可以接受另一笔贷款。如果你的汽车贷款和其他贷款已经达到了这个限度，那么你应该推迟购买这套房子。务必确保你能及时支付每月的分期付款。

房价：250000 元

首付（10%）：25000 元

贷款总额（90%）：225000 元

利率：7%

贷款期限：25 年

每月分期付款金额：1590 元

根据上面的计算，你每个月的分期付款金额是 1590 元。如果债务不超过你收入的 40%，那么你能够负担得起该债务。按照上面的案例，你每个月最低收入要达到 3975 元（1590 ÷ 40%）。然而，这个预测的前提假设是除了这笔房贷，你没有任何其他的借贷。如果你有，你要重新计算你的债务总额。例如，除了每个月 1590 元的房贷，你还要支付 938 元的车贷，那么你的最低收入要按照下面的公式来计算：

房贷分期付款额：1590 元

车贷分期付款额：938 元

每月分期付款总额：2528 元

如果债务与收入的比率不超过 40%，每月需要的最低收入：6320（2528 ÷ 40%）元

· 贷款与价值比率：贷款价值比通常也被称为抵押贷款。一般来说，银行愿意把购买价的 90% 借给你。但是，银行会根据财产类型、现有贷款和借款人的还款能力而制定不同的借贷比例。贷款和买房价格的差额是你买房子时需要用现金支付的。对于你的房地产，最好保持低贷款价值比。这是因为，如果房地产价格大幅走低，融资人可能会要求你减少未偿贷款或提供额外担保，以维持机构设定的贷款价值比。

四、我要结婚了

当你成年后，你可能会遇到你想结婚的人。婚姻是一项

重大的承诺，只有当你觉得自己有能力承担责任的时候才应该结婚。

（一）婚礼

婚礼是两个相爱的人期待的事情，在婚礼上你们将得到亲戚朋友的见证和祝福，你们将正式结为夫妻，一起度过生活的种种。然而，有的婚礼却成为两个年轻夫妻的债务来源，因为婚礼的费用超过了两人的财务能力。因此，在筹备婚礼的时候，你应该对你的婚礼费用实事求是。你应该对你的婚礼做预算，其中包括礼物、仪式、晚餐、衣服、鞋子和婚礼照片等费用。首先，你要列出婚礼所需的物品，和你的配偶讨论一下你们俩能花多少钱。从经历过这一切的人那里询问关于举办婚礼费用的建议。

不要试图通过向朋友或家人，甚至是银行借钱来支付你的婚礼费用。事实上，作为整体财务计划的一部分，你应该为婚礼存钱。有很多夫妇因为在婚礼期间所欠的巨额债务而遇到问题。财务问题常常带来其他麻烦。

（二）你的婚姻生活

由于金钱是一个敏感话题，但是你要保证你和你的配偶在金钱问题上意见是一致的。

你的财务计划必须从一个人变成一个涉及你配偶的财务共享计划。

你们要讨论决定如何处理日常账单，支付家庭和孩子的费用、家庭预算以及储蓄和投资。

为了支付共同费用，每月你与你配偶应该将钱存到一个共同的账户上。记住，至少每月一次，经常回顾一下你们的开支清单，看看这些开支是由于通货膨胀导致的消费增加，还是由于你们夫妻的生活方式改变导致的消费增加。

正如在你的个人理财计划中一样，你们需要预留一笔应急基金作为夫妻的意外开支。两个人要决定一个数额作为普通储蓄，这些储蓄将成为你们的退休基金。

了解彼此的投资风格，包括各自的风险偏好和承受度，然后建立一个共同的投资组合来满足未来的财务目标，比如一起退休，过上舒适的生活。这些投资通常也用于支付孩子的生活和教育费用。

你们还可以考虑购买保险，包括人寿保险、重大疾病保险、医疗保险和人身意外伤害保险。

如果在你结婚前有些债务还没还清的话，一定要和你的配偶坦白，并且两个人在婚礼后努力在最短时间内还清个人债务。不要隐瞒你的债务，这不仅是对伴侣的不尊重，还会影响到家庭的财务规划。

（三）如果你是女性，你需要知道的 12 件事

与男性相比，女性在婚姻中可能会遇到更多的财务难题。因为，女性结婚后要面临着生育与养育子女的问题。在马来西亚的很多家庭中，女性要辞去自己的工作在家照顾孩子和家庭。辞去工作则意味着没有任何的收入，成为依靠者。

女性在结婚之前要为自己储备资金，早日为自己的未来生活做打算。

以下是每位女性若想更好地保障甚至丰富她们的财富而必须要考虑的 12 件事情。

1. 男人并不是很好的理财投资计划

自古以来，很多人都在宣扬这样一种观点：女人唯一能掌控自己的经济命运的方法就是嫁个有钱的丈夫。不幸的是，即使是最成功的婚姻最后也可能以离婚或死亡告终。但，我们指的不是谋杀，通常来说大部分的女性寿命都比男性长。

然而，随着婚前协议的普及，婚姻中更依赖于对方所带来财富的这一方，一旦遭遇婚变将遭受相比另一方更大的打击。

如果管理得当，夫妻双方收入将会让你们的家庭获得更牢固的经济保障，并为未来健全的退休计划打下更好的基础。

2. 不要怯于向老板申请加薪

一项调查显示，女性要求加薪或渴望担任最高管理层的可能性低于男性。在美国，53% 的女性从未要求加薪，而男性只有 40%。

当你能判断什么时候该加薪了，就不要害怕向老板提出加薪申请。在协商加薪时，一定要突出自己为公司贡献的力量和承担的义务。如果他们不能给予你更丰厚的薪水，你还可以尝试争取更多的休假日、工作时间的灵活性，或者一些额外的工作津贴等。不管怎样，永远不要原地踏步或满足于更少。

3. 不要让所谓的浪漫绑架了你

我们都听闻过有关女人被男人的甜言蜜语所蒙蔽而被骗走积蓄的各种各样的故事，即使你们的恋爱关系已经维持了很久，借钱给情侣仍是有风险的，甚至会导致人财两空的困境。有律师建议，最好以书面形式记录交易情况，使有关财务内容能更清楚地阐述，并便于双方理解。书面记录的内容应当包括：借款金额、还款利息（或者是分红方案）、债务偿还的时间甚至利息或分红的支付周期等。当这些内容得到清晰的记录和说明，情侣双方才可以更好地避免日后冲突。

4. 不要忽视了伴侣间的资产协调

资金管理方式上存在的差异甚至背离，会毁掉一段感情。这是因为当你和你的另一半结婚，意味着你也要与他或她的经济习惯乃至资产结合。经济上的不和谐是离婚的主要原因之一。

在出现这些问题前，夫妻双方认真并坦诚地交流彼此的经济状况、消费习惯以及对钱的态度，是十分重要的。你如何看待消费、债务、重大采购和使用信用卡等这些信息，将帮助你们重新评估长期财务计划，并有助于避免未来的冲突。

5. 掌控好你的家庭开支

换句话说，不要让你的配偶完全控制你的钱！有些女性可能非常乐意让丈夫或伴侣来处理家里所有的账簿、抵押和收支。

然而，掌握家庭财务状况可以保障你的财务独立性并锻炼你管家的技巧。女人和金钱似乎不太可能结合在一起，但一旦金钱属于你的丈夫或男朋友，那他们就可能会离你而去。因此，对女性来说学会独立自主十分重要。

6. 生活中爱的细节都带着价格的标签

生孩子代价是很大的。抚养他们、喂养他们、支付他们上学的学费，甚至还要支付他们去听演唱会的门票，等等，这些开支加总起来数额巨大。正如大多数父母都知道抚养孩子并不廉价，但仍有许多家长被这笔开支的底线震惊。因此，你应该更多地了解抚养孩子的开销，并开始设计你的储蓄计划。

如果你已经有了孩子，那么，为你和你的伴侣购买一份人寿保险，开始为你们孩子的日后教育开支考虑更多的存钱渠道，这并不算一个坏主意。毋庸置疑，准备工作开始得越早越好。

7. 健康才是你的最大的财富

你的健康对于你的经济状况而言，和你的工作一样重要。一旦你生病了，你就无法正常去上班。既然你不能工作，那你就不能挣钱，甚至还可能成为你所爱的人的负担。

在马来西亚，四分之一的女性死于心脏病。与此同时，在美国，大约有十九分之一的女性有患乳腺癌的风险，而在欧洲，这一比例是八分之一。

拥有健康保险可以帮助减轻由健康恶化或绝症带来的财务风险。一次急诊就医可能就会耗尽你一生的积蓄，让你在未来的几年里负债累累。因此，在评估你的生活开支时，必须要把医疗费用考虑在内。

8. 一定要为退休生活作储蓄准备

退休的代价是昂贵的。据专家估计，当你退离了工作岗位，你至少需要退休前收入的三分之二来维持你当前的生活水平。马来西亚国内已经有许多人通过国家雇员公积金

（Employees Provident Fund，简称 EPF）为日后的退休生活做打算。然而，据统计，有 50% 左右的退休人员在退休后的五年内就已经耗尽他们所有的公积金资金。

那么，不妨考虑一些更好的方法来让你的资产升值，例如，投资单位信托基金、房地产投资信托基金（REITs）和私人退休计划（PRS）以获得更高的回报。这也是你做应急资金储备的第一步。

9. 让你的投资多样化

提到投资，我们知道找到平衡很重要。而实现平衡最好的方法就是通过在不同的时间和不同的平台分散风险。如果你是第一次尝试做投资，那么这一点尤其重要。你可以进行多种类型的投资，比如股票、债券、基金、交易所交易基金（ETFs）和房地产投资信托基金（REITs）等。

唯有拥有大量的资本才能做投资的时代已经成为过去。如今，只要不到 1000 元，你就可以通过交易所交易基金和不动产投资信托基金同时享有数家公司、住宅、写字楼和购物中心的股权。

10. 认真对待你的信用评级

你的信用评级反映了你的“经济负担”水平。它会影响你申请信用卡、汽车贷款、个人贷款和抵押贷款的能力。如果你的信用评级很低，那么，你申请贷款时可能会比正常情况下支付更高额的利息。如果你的信用评级实在糟糕，那么，银行可能会降低他们给你的贷款额度，甚至可能完全拒绝你的贷款申请。

及时、如期地归还欠款，可以帮助你保持较高的信用评级。如果你已经逾期还款，打电话给你的债权人，并设法取消滞纳金。总体而言，你的信用评级会对你的经济及财务产生巨大影响。

11. 做到适量持有信用卡

说到信用卡，有时并非越多就越好。虽然信用卡让支付更为灵活，尤其在紧急情况下显得尤为便捷，并且信用卡通常附有奖励的功能，如折扣优惠、现金返还和积分赠礼。但是，拥有更少的信用卡意味着，你相应地只要缴纳更少的年费、税款和更低的利息。这可以帮助你避免受信用卡积累债务而影响你的信用评级。当然，信用卡具体的利率和功能是因卡而异的。所以，一定要选择最适合你生活方式的信用卡。

12. 享受财务自主的生活

离婚常常会带来情感和经济上的不良后果。对女性而言，尤其在你即将要成为单亲妈妈并且正尝试弄明白你未来的经济状况时，知道如何掌握你当下的资产对你和孩子都十分重要。

第一步，你需要尽可能多地了解你的共享账户，包括在线密码以及自动支付功能等具体细节，以便你能在面对离婚起诉前准备充分的信息。当你的婚姻破裂时，请不要吝啬于聘请一个好的律师，以帮助你更好地渡过这一难关。你要相信，你远比你想象的更敏捷、更坚强、更聪明。那么，当下的你足以理性地认识到你完全有能力掌控并且拥有属于自己的经济生活。①

五、我有了孩子

当你走进婚姻的生活后，你将会考虑是否马上要孩子。有了孩子，你的生活会发生很大的改变，你不仅要为自己的生活着想，你还要负担更大的责任。很多人说，养育子女是一场风险非常大的投资，但是回报率却很少。将孩子教育得好，你至少能享受一个幸福的晚年生活。如果将孩子教育得不好，你可能就要尝到人间的苦辣生活。在这部分我们将介绍关于孩子的财务教育知识、孩子的教育费用管理知识，希望能在孩子教育方面提供有效的建议。

---

① 资料来源：https://www.imoney.my/articles/women-and-money-12-things-you-need-to-know。

（一）是否让孩子了解生活的开支？

在我们成长的过程中，父母基本不让我们干涉家庭财务的事情。我们虽然有衣服穿、有食物吃、有钱上学，但并不知道我们父母为此做出了怎样的牺牲。我们甚至未曾了解他们是否遇到过经济危机，尽管他们也很忌讳提及此事。或许直到我们离开家庭自力更生的时候，才会发现生活的艰难。

如果你想让你的孩子在同样的庇护下成长，那他们日后怎样才能挣取足够的钱以满足日益膨胀的生活开销？

首先，从“小”抓起，小到你们外出在餐馆吃饭的账单或日常水电费的清单。此外，“游戏竞猜”，你可以通过玩游戏的方式让孩子猜汽车、房子或衣服的价格。这对他们来说可能有点儿难，但迟早他们都会接触到更大的场面，而且为他们未来走进社会做好准备。

如果你对上述任何一种教育方式都难以接受，那么你可能是时候要改变你的育儿策略，以培养出比你更有经济头脑的下一代。你的孩子成长得太快，你很有可能会错过向他们传授有关金钱知识的好时机。但是，更重要的是教育孩子，让他们明白，“金钱虽然重要，但它并不是万能的”，无论以后他们的身份如何，这都将是永恒的真理。他们还需要知道，生活中的每一件事都应该以自我发展和责任为目标来实现，而不是只关注他们可能从中获得的金钱回报。因此，从儿童到成人，若能尽早理解金钱的价值，则会对其产生巨大的不同。为人父母若能支持并给予正确的理财教育，日后当孩子们开始自己挣钱的时候，他们便会感谢你今日的付出。

（二）儿童教育

养育孩子是财务规划中的最重要部分，孩子的消费非常大，这些消费来自于孩子的基本生活费用、学习费用、找工作费用、结婚费用等。

望子成龙是每一位父母的心愿，作为父母，你当然希望自己的孩子能受到最好的教育，然而你也应该考虑如何分配家庭费用。

高等教育的成本越来越高。为人父母可能会觉得这笔开支对他们而言是不小的经济压力。因此，天下的父母都应当尽早开始为孩子的教育做规划，而且开始得越早就越有助于你的资产升值。

儿童教育保险方案其实是人寿保险产品的一部分，但特别设计为一种储蓄方式，是为了在时机成熟时为你孩子的高等教育费用提供一定数额的资金保障。例如你意外身亡，教育保险将为你的孩子提供一笔资金来帮助他完成学业。选择保险产品时，要谨记：

1. 考虑一下你想为孩子的教育留出多少钱

在你选择教育保险具体承保范围的时候，你首先需要做的就是牢记初衷。以下是你在选择教育保险方案时还需要考虑的其他因素：

· 学习的地方：你打算让孩子在国内读书还是去国外留学？如果选择后者，那你选择的国家生活成本怎么样？

· 学习的等级：你孩子攻读的是本科、硕士还是更高的等级？

· 学校选择：如果你选择的是排名靠前的大学，成本会更高。

· 学习的专业：有些课程比其他课程花费更多。

· 学习的年限：学习的时间越长意味着成本会越高。

通过这些因素可以帮助你计算出预期成本。由于教育开支很多发生在未来，所以，需要考虑通货膨胀的影响。一旦你考虑通货膨胀，你可能会发现这是一笔自己负担不起的金额。但是，你可以通过明智地将资金投入保险计划，积累多年的津贴就可以帮助你承担部分教育费用。

2. 确保保险费用是在家庭承受能力内的

你购买保险产品应当是基于你的目标和风险承受能力分析而做出的决定。在购买保险之前，请确保它符合你的需求和经济能力。

3. 不要为不必要的保险内容支付费用

教育类保险有时会附加医疗保险或重大疾病保险等保险内容。一定要留心这些附加的保险内容，因为它们很可能会增加你的开支，影响你的储蓄金。为了给孩子一个光明的未来，帮助他们在任何想尝试的领域都能获得成功，那么，你对孩子教育投资将是一条漫漫长路。

不同的保险方案涵盖范围广泛，涉及许多不同的功能，甚至不同的津贴、不同的价格。确保你所购买的保险方案足以满足你的需求。尽可能地多得去保险公司了解情况、涉猎有关保险产品的宣传单、与保险公司的代理人沟通，以帮助你更好地了解保险产品覆盖的内容、购买的成本和相应的条款等。①

（三）高等教育

高等教育成本很高，马来西亚高等教育开支占家庭收入比重在世界排名第五。根据报道，马来西亚的父母双方为每个孩子高等教育投入的薪资比率平均高达55%。一碰到教育，任何事情似乎都很难得到尽快的控制。

一位教育家甚至评论说，未来有关父母甚至中产阶级的父母如何保障孩子能接受优质教育都将成为一个有争议的热

① 资料来源：https://www.imoney.my/articles/financial-goals-with-insurance-plan。

点，因为未来这将有可能让他们付出倾家荡产的代价。所幸，只要做好适当的规划，你就不必以极端的方式来确保你的孩子接受最好的教育。当然，为了以后的打算，你需要现在开始就做出一定的牺牲。正如生活中的任何一件事情，越早为孩子的教育做规划越能有助于缓解日后的经济压力。

当你在为孩子规划大学路线时，要避免犯以下 4 个高代价的错误：

1. 从不存钱

当生活成本远远高于薪资收入的时候，生活就会变得举步维艰。但是那并不意味着你就可以不用存钱。很多人容易犯的一大错误就是根本不为高等教育储蓄。汇丰银行的一项调查发现，大多数家长甘愿掏空储蓄、债台高筑，以支撑孩子的教育经费。令人担忧的主要因素是：教育经费昂贵。这项调查还提到，马来西亚 57% 的受访家长表示，即使他们早期已经开始缩衣减食、节省开支，但他们还是会选择贷款供孩子上大学。

但是让我们再来看另一组数据：在马来西亚，只有 40% 的人已经做好了退休准备，而超过 50% 的人由于尚未偿清国家高等教育基金局（PTPTN）的贷款而被迫进入黑名单。

足见为了孩子的一张高贵的学位证书而拼尽全力借钱贷款并非是明智之举。

2. 没有利用现有的税务减免优惠

如果你是这个国家的百万纳税人之一，申请国家税务减免优惠不失为一个很好的尝试，而且不仅仅在报税季可以享受。纳税人可以享受某个评估年度总缴纳税款减免一定数额资金的优惠。

这意味着你的应课税额的减少、纳税负担减轻。如果计划得当，你甚至可以节省一大笔税款。正确做法：将税收减免利用到最大化。

与生活有关的新税制已经启动。在你所有生活开支中只要有部分是花在孩子身上，在马来西亚，这笔开支的税负减免就将每年多达 2500 元。

此外，参与马来西亚国家教育储蓄计划，每年可获减免高达 12000 元的所得税务。因此，不要理所当然地看待国家税负减免，而这些却能实实在在帮助你更有目标地为孩子的教育节约资金。

3. 让自己陷入债务困境

马来西亚的家庭债务高达 88.4%。约有 22663 名 35 岁以下的马来西亚人因财务管理不善而被宣告破产。其实，从他们整体的财务状况来看，该国的许多家庭都属于弱势群体。很多家庭仍旧保持着高债务低储蓄的生活方式。他们大多数人只有在金融风暴冲击下，面临失业危机、银行利率甚至金融市场的变化时，才会发现自己已陷入困境。从这个角度来看，只有10.8%的马来西亚家庭有能力抵御金融风暴的冲击。

正确做法：别无他选——尽快开始偿清债务。最简单的方法是从信用卡开始。仅仅支付最低还款额是不行的。利用信用卡余额转账或将你的债务与低息个人贷款合并。为了尽快偿清债务，你可能还需要改变自己的生活方式，或者找到第二份工作。

这样做的目的是为了更好地开源节流。我们现在所谈的“节流”具有为家庭或孩子的未来建立缓冲的重要意义。

4. 从不提前做规划

作为父母，你理所当然想要给孩子最好的。但是，想法总归是想法，回归现实要做到这些需要努力、付出和时间。直到最后才开始考虑孩子的教育基金计划，这很可能会使得他的大学梦成为一场空。这里就有一个关于早做储蓄的案例。如果你仅提前8年为孩子的大学基金储蓄，那么你需要储蓄75350元左右以让你的孩子未来在公立大学获得工程学位。但是，如果你在孩子还是新生儿时就开始准备，你将有18年的时间为他的教育基金储蓄。虽然通货膨胀可能会导致同一学位在18年后上涨至122737元，但是若你坚持每月储蓄300元，18年后你则可享受到教育基金60%以上的增值。

要了解将孩子送到你选择的大学或学院需要多少费用，可通过查看教育贷款计算器，计算在考虑通货膨胀的情况下你可以如何为之储蓄。如果计算结果仍然让你感到震惊，请记住这只是教育费用。生活开支还完全是另一回事。如果你的孩子要在当地完成学业，那么他每年的生活开支保守估计要 27000 元。这么算下来，仅仅是为了完成为期三年的学业，生活开支竟然高达 81000 元。不过，当前马来西亚国内已经有大量的经济援助提供，如国家高等教育基金局提供的高等教育贷款和其他奖学金。但之前也提到，很多学生毕业后仍背负国家高等教育基金局贷款的负担；并且在奖学金方面，竞争激烈。你最好选择通过简单地为你的孩子准备一些储蓄以应对这些未来的变数。不管你资金如何紧张，每月 30 元并不是大问题。此外，家长在开设国家教育储蓄基金户口（按照标准，一个儿童一个账户）后，还有机会获得至少 50 元的配对援助。[①]

六、退休计划

退休后的生活被称为是人一生中的黄金岁月。离开工作

① 资料来源：https://www.imoney.my/articles/mistakes-every-malaysian-parent-avoid-planning-kids-college-fund。

岗位去环游世界或与家人共度美好时光的想法听起来宛若人间天堂的生活，但回归现实，这些梦想的实现还需要在经济上做好充分准备。经历过曾经为了自己和家人打拼的艰苦岁月，退休后的生活应该是每个人最终安顿下来享受劳动成果的时候。只要你在从业期间足够聪明、早做打算，那么日后实现你的退休梦想并非难事。在这部分中，我们将介绍关于制定退休计划的案例供读者参考。

（一）三个步骤

凯文现在已经 35 岁了，当步入 30 岁时他就开始制定自己的退休计划。凯文认为早点设计好自己的退休计划是非常重要的。

首先，凯文在网上搜索关于“退休计划”的主题，他一共搜出来 9700 万个结果。当凯文缩小范围，搜索“马来西亚退休计划”的主题，他也能获得 460 万个结果。可以说，网上关于退休计划的信息非常丰富，凯文开始从网上的信息学习，根据他的个性、薪水支出情况、风险容忍等自身的因素建立自己的退休计划。

1. 第一步：设定实际退休日期

凯文设定自己退休的年龄为 55 岁。在马来西亚大部分公司都设定 55 岁是员工可以选择退休的年龄。从政府的系统来看，政府规定马来西亚公民退休的年龄为60岁。根据退休年龄设定时间规划表（见表12–3）。

表12–3 凯文的退休时间规划表

当前年龄	35
退休年龄	55
退休年份	20

2. 第二步：评估截至退休年龄的现金流量

建立退休时间规划表之后，凯文估计了到退休年龄的现金流量。

A：收入

B：支出

C：净现金流量

退休年龄总现金 = 净现金流量 × 退休年份

（凯文的退休年龄总现金流量 =C × 20年）

3. 第三步：估算退休后的年现金流量

退休计划的第三个步骤就是估计退休后的每年现金流量。现金流量指全部资金收付数量，这是一切问题的核心。你赚到的钱是现金流入，你所花出去的钱是现金流出，平衡现金流量对你退休后的生活非常重要。你要保证退休后你的现金流量足以持续到你设定的日期为止。凯文设定他的退休年纪为55岁，他的退休生活结束年龄为90岁，这意味着凯文需要足够的退休金来维持 35 年。请注意，退休意味着你没有工作或者从事某种业务获得更多的钱，几乎停止了所有的工作。凯文退休后每年的花费及总费用如表 12–4 所示。

表 12–4　　凯文退休后的花费

凯文退休后每年的花费	100000 元
退休期间的总费用（35 年）	3500000 元

4. 三个步骤的解释

从 35 岁凯文开始筹备他的退休计划到退休年龄止，凯文有 20 年的时间来储蓄他的退休资金。你也可以晚点时间再定你的退休日期，但是开始的时间越早你会有更多的时间储蓄退休金。凯文每年大约存 30 万元，当凯文 55 岁的时候，他的退休投资金存款应该有大约 600 万元，他估计每年的费用为 10 万元，如果凯文预期自己能活到 90 岁，在完全不工作的情况下他需要 350 万元来维持他的生活。

除了 350 万元之外，凯文还继续储蓄 250 万元。这笔盈余的现金意味着，如果凯文继续每年存下这笔钱，并维持他的消费模式，那么在他希望退休的 55 岁时，他已经有足够的钱退休，他也可以选择早点退休，他也可以用这笔盈余的现金来弥补通货膨胀带来的金钱贬值或者消费习惯的意外变化。

5. 经验分享

· 如何保证现金流量是盈余的呢？你要保证流入的现金要多于流出的现金才行。凯文一般将他每年收入的 50% 存起来。

· 你需要培养理性消费的习惯，要知道你需要什么而不是想要买什么，这样你才能实现退休计划。凯文的收入相当不错，而且他在管理开支方面一直很谨慎，也就是说，他不会根据收入来花钱，而是根据需要的东西来花钱。人人都知道储蓄习惯确实是退休计划的第一步。

· 在实现退休计划的时候，你要考虑影响退休计划的所有因素。随着时间的推移，你的储蓄会因为税收的调整、通货膨胀、健康状况等因素而减少，因此你要提高金钱管理的敏感性。凯文为了保证现金流的充足，他开始寻找机会来增加他的退休现金流入金额。

当你一步一步地实现你的退休计划你将会感到非常高兴，你工作会更加积极，因为你知道当你储蓄足够的现金，你就不用担心退休后的生活，甚至可以选择提前退休。

（二）你需要多少钱才能舒适地退休？

退休计划是我们在人生某个时刻必须考虑的事情之一。随着马来西亚生活成本的上升，很多马来西亚人都在怀疑他们是否能负担得起退休后的生活。但是实际上当你学会管理好自己的财务，从现在开始为退休后的生活做筹备，你完全可以轻轻松松享受自己的晚年生活。

假如你现在开始计算你的储蓄，发现储蓄没有多少，也许是时候减少你并不真正需要的奢侈品的开支了，或者你应该想想办法提高自己的能力，这样你就可以找到一份薪水更高的工作。

为了计算你需要多少储蓄才能舒适地退休，你首先要估算你退休后的每月开支。假设你已经还清了房贷、车贷，并且孩子的经济已经独立于你。你每月的预算 2000 元将足以支付两个人（你和你的配偶）的家庭开支，如果你没有计划过高质量的社交生活，除了偶尔去拜访或和朋友出去郊游之外，大部分时间你都喜欢待在家里看电影。如果你想要更高质量的生活，想要定期去餐馆和购物中心，那么你可能需要将你的月预算至少提高到 5000 元。考虑到你退休时通货膨胀的成本，你可能至少要将目前的月预算增加 2 倍。如果按照 2000 元或者 5000 元的月预算，那么退休后你的月预算将变成 4000 或者 1 万元。所谓每月的费用，就是说一个月内你的所有开支。这些开支主要包括以下几种：

1. 生活费用

你的生活费用就是你每月所产生的费用，这些费用将用于支付你的电话费、电费、维修费、卫星电视、宽带和杂货等。假设在马来西亚月度费用大概在 4000 元到 1 万元，那每年的费用可能将在 48000 元到 12 万元左右。

2. 旅游

每年你可能会有一些短期的旅游，那么在旅游过程中产生的费用也是你每月开支的一部分。我们假设你大概会花 1 万元到 2 万元用于短期旅游。

3. 紧急情况

如果发生紧急情况，你可能要将大量的资金去解决这些紧急的情况，如生病、车祸等。这意味着你的生活费用会大大受到影响，甚至你的财务将会崩溃。因此，我们建议你可以适当地将资金投资保险或者购买医保卡。在你发生紧急情况的时候，这笔投资将会帮助你渡过难关，甚至你可以从中得到一些补偿款。我们假设你每年为紧急情况需要储备 1 万元。

4. 家属与债务

当你退休的时候，你应该不用抚养任何人，你的孩子都应该在工作，并且他们的经济是独立的，而你的房子和汽车贷款也应该已经完全还清了。因为如果到退休的年龄你还要偿还各种债务或者抚养孩子，那么除非你家庭条件很好，你才能够享受一个休闲的晚年生活，不然你还得出去工作赚钱来还债或者抚养孩子。

综合以上所假设的费用，你可能一年需要花费 68000 元到 15 万元才能舒适的退休。那你可以通过什么方法来获得每年 68000 元到 15 万元？

（三）获得足够退休资金的方法

1. 存钱在银行，获得足够的资本利息

你可以把赚到的钱存得足够多，这样当你退休的时候，每年仅靠资本赚取的利息就足以维持你的生活方式了。假设银行存款平均利率为 5%，马来西亚人至少需要 140 万元到 300 万元的存款才能获得 68000 元到 15 万元的年利息。

2. 私人投资计划

对于大多数刚刚从事正规工作的人来说，拥有 140 万到 300 万元的存款是不可能的事情。因此，我们有必要建立自己的私人退休投资计划。在寻找投资项目的时候，我们应该考虑一些中低风险的项目，它能够在长期内给予我们 9%~15% 的平均年回报率，同时允许灵活取款。

我们可以举一个例子，你可以选择投资于风险比较低的保险平衡基金。你还可以与你的保险代理人互相沟通，以了解你需要每月或每年存多少钱，以实现你希望的投资资金利息。

假设投资平均年回报率为9%~10%，那么你需要投资至少70万元或160万元的金额才能产生68000元到15万元的年回报。但是，这种投资比银行存款更有风险性，因为无法保证这些基金将如何运作，而且它们也可能会受到经济不稳定的影响。然而，如果你具备足够的知识选择一个最优秀的保险平衡基金，在20~30年的平均时间里，它们所带来的收益往往会超过它们的预期。归根结底，所有的投资都会存在风险，你要根据市场情况选择合适的投资项目，从低风险基金转移到中等风险基金，这取决于你对各种金融产品的了解。如果你能够掌控投资技巧，那么你所设定的退休储蓄金额应该不是难题。

此外，如果学会了如何建立多样化的投资组合，并在繁荣周期中利用股市，你可能每隔10年左右就能将资金翻一番，以便在你退休时有充足的存款金额。因此，你要尽快开始你的退休计划。

总　结

1. 你的生活应该有策划。

2. 职业规划很重要，因为有一个好的职业规划可以提高你的创收能力。

3. 买车或者买房的时候，除了购买价之外，你还要支付附加的费用。因此，买车或买房前你要考虑自己的购买能力。

4. 买房是一项重大的财政决定。权衡租房和买房的好处。根据自己的财务能力再决定买房投资，因为你要承担很多的责任。

5. 婚姻是人生大事，你跟你的配偶在财务管理上要达到共鸣。结婚后，你和配偶要从个人财务规划转换为家庭财务规划。

6. 不管你年轻还是已经上年纪，制定退休计划都非常重要。有退休计划意味着你有机会过上一个舒适的晚年生活。

第三部分

财经素养水平测试

一、马来西亚国家财经素养教育水平测试简介

2017 年，马来西亚金融规划委员会（Malaysian Financial Planning Council，简称 MFPC）[①] 开展了“马来西亚财经能力与金融咨询服务的效用”（Financial Capability & Utilization of Financial Advisory Services in Malaysia）的课题研究，该委员会对 2000 名马来西亚人发放了调查问卷。在大量发放问卷之前，MFPC 在 40 名调查对象中进行了初步研究，以检验该测试的适用性。调查的样本人口包括马来西亚的广泛人口，并分为四类，即（1）公共部门雇员；（2）私营部门雇员；（3）FELDA / 农村地区居民；（4）高等教育机构的青年。

该问卷的内容可以概括为以下三个内容：

① 马来西亚金融规划委员会是一个独立的机构，其设立的崇高目标是促进马来西亚全国范围的发展和加强金融规划专业。

1. 调查

调查马来西亚人的一般金融知识和财务能力。

2. 确定

确定马来西亚人对资本市场的掌握率。

3. 了解

了解马来西亚人关于财务方面的偏好咨询服务。

二、财经素养水平测试问卷

（一）基本信息

（1）你的性别是什么？

A. 男

B. 女

（2）你是：

A. 马来西亚人

B. 华侨

C. 印度人

D. 其他

（3）你的婚姻状况是什么？

A. 已婚

B. 未婚

（4）你的年龄是属于以下哪个年龄段？

A. < 20 岁

B. 20~29 岁

C. 30~39 岁

D. 40~49 岁

E. > 49 岁

（5）你的月收入是多少：

A. >15000 元

B. 12000~15000 元

C. 8300~12000 元

D. 5000~8300 元

E. <5000 元

（6）你的教育程度是：

A. 小学

B. 中学

C. 高等教育

（7）你家里有多少个家庭成员？

A. ≤ 4 个

B. 5~6 个

C. ≥ 7 个

（二）社会经济信息

（1）目前，你是否自有房子或拥有家庭自有的房子？

A. 非自有

B. 自有

（2）你的月收入用于储蓄所占的比例是多少？（注释：“1%~10%”表示你的月收入用于储蓄占的比例是1%到小于10%。）

A. 0

B. 1%~10%

C. 10%~20%

D. >20%

（3）你资产负债的情况如何？

A. 资产价值 = 负债

B. 资产价值 < 负债

C. 资产价值 > 负债

（4）你认为你目前的收入水平怎么样？

A. 足以满足大多数事情

B. 够用并且能存点钱

C. 只能满足基本需求

D. 不够用

（5）如果你有贷款或负债，那这些贷款或负债属于以下哪种类型？（可多选）（如果没有贷款或负债，你可以直接进入财经素养测试部分。）

A. 分期付款购买

B. 教育贷款

C. 房贷

D. 个人贷

E. 信用卡或其他信用方式（如：花呗等）

F. 投资贷款

G. 商业贷

H. 其他：__________（请写清楚）

（三）资本市场知识的测试

（1）假设，你的一位朋友继承了 10 万元，他的兄弟姐妹从现在起 3 年后才能继承 10 万元。那谁更富有？

A. 你的朋友

B. 他的兄弟姐妹

C. 同等富有

D. 不知道

（2）假设到 2025 年，你的收入翻番，同时物价也翻番。那么在 2025 年你的收入能买多少东西？

A. 比现在多

B. 一样多

C. 比现在少

D. 不知道

（3）当投资者在不同资产之间分配资金时，赔钱的风险是增加还是减少？

A. 增加

B. 减少

C. 不变

D. 不知道

（4）通常，哪种资产随着时间的推移呈现最高波动？

A. 储蓄账户

B. 单位信托

C. 股票

D. 不知道

（5）通常，股票投资比信托更具风险？

A. 是的

B. 不是

（四）财经素养测试

（1）有时候，你的开销可以高于收入？

A. 同意

B. 不同意

（2）你是否认为购物清单能够帮助你控制自己的开支？

A. 同意

B. 不同意

（3）你是否认同先存钱后消费的观点？

A. 同意

B. 不同意

（4）你是否认同信用卡持有人可以无限制地消费？

A. 同意

B. 不同意

（5）你是否认同还款期越长，整体贷款成本越低？

A. 同意

B. 不同意

（6）你是否认同负债不能继承？

A. 同意

B. 不同意

（7）你是否认同所有类型的投资都是有利的和低风险的？

A. 同意

B. 不同意

（8）你是否认同所有的投资都是合法的？

A. 同意

B. 不同意

（9）你是否认同投资所得的利润无需交税？

A. 同意

B. 不同意

（10）你是否认同个人需要最少 10% 的储蓄用于紧急情况？

A. 同意

B. 不同意

（11）你是否认同一个人在退休后可以凭借养老金储蓄生活？

A. 同意

B. 不同意

（12）如果养老金不足，你将继续工作？

A. 同意

B. 不同意

（13）你是否认同个人退休方案仅用于政府雇员？

A. 同意

B. 不同意

（14）退休后，你是否认同可依靠我们的孩子来维持我们的生活？

A. 同意

B. 不同意

（15）如果你有能力承担风险，你不一定必须购买保险？

A. 同意

B. 不同意

（16）你是否认同所有类型的风险都可以投保？

A. 同意

B. 不同意

（17）你是否认同每个工作的成年人都必须缴纳个人所得税？

A. 同意

B. 不同意

（18）你是否认同只有薪水的部分才需要纳税，其他收入不需要纳税？

A. 同意

B. 不同意

（19）你可以通过遗嘱捐赠所有资产？

A. 同意

B. 不同意

（20）遗嘱一旦确立就无法改变？

A. 同意

B. 不同意

（21）只有当我拥有资产时才能立遗嘱？

A. 同意

B. 不同意

（22）中央银行的角色仅仅是印钞票？

A. 同意

B. 不同意

（23）证券交易所提供全方位的服务，包括交易、清算、存管和结算？

A. 同意

B. 不同意

（24）证券监督委员会确保市场机构和持牌个人正常运转？

A. 同意

B. 不同意

（五）财经能力测试

1. 金钱管理

序号	陈述	反对	中立	同意
（1）	我为我的固定开支制定计划			
（2）	我按时支付账单			
（3）	我回顾并评估我的固定开支			
（4）	我通常会预留一部分钱以备不时之需			
（5）	我设定了具体的财务目标并努力实现目标			

2. 计划执行

序号	陈述	反对	中立	同意
（1）	我为意外开支（收入减少）做充分的准备			
（2）	我为退休做好财务准备			
（3）	比起实施退休计划，我更喜欢改善现在的生活标准			
（4）	做好退休计划可以保证我退休后的生活更舒适			
（5）	除了缴纳养老金外，储蓄对我来说非常重要			

3. 选择金融产品

序号	陈述	反对	中立	同意
（1）	在做出决定之前，我会考虑来自不同提供商的几种产品、贷款、政策、账户			
（2）	在同意、签订协议之前，我详细阅读了条款和条件			
（3）	我了解各种金融产品，即我不需要咨询财务顾问或计划者			
（4）	我比较产品的条款特点和价格胜于仅靠品牌形象而来决定			

4. 保持知情

序号	陈述	反对	中立	同意
（1）	我经常关注诸如房地产市场变化、股市和利率等金融指数			

续表

序号	陈述	反对	中立	同意
（2）	我通过专业的建议主动寻求金融信息			
（3）	我经常了解各种金融产品			
（4）	我经常更新关于金融服务的相关知识并对金融服务作对比			
（5）	我喜欢了解更多金融问题并学习如何解释这些信息			

（六）金融产品信息来源

当选择金融产品时，你主要通过哪些渠道获得相关的知识或信息？（可以多选）

A. 理财规划师

B. 银行

C. 从事理财规划师工作的家人或朋友

D. 朋友和家人

E. 报纸

F. 电视

G. 网络

（七）金融咨询服务

（1）你有理财规划师吗？

A. 有

B. 没有

（2）你认为以下哪个被认为是理财规划师？

A. 银行职员

B. 银行经理

C. 保险顾问

D. 财富经理

E. 独立自主理财规划师

（3）你更愿意谁为你提供理财规划服务？

A. 税务代理

B. 房地产代理

C. 注册审计师

D. 注册会计师

E. 单位信托顾问

F. 独立理财规划师

G. 银行职员

H. 银行经理

I. 保险顾问

J. 财富经理

K. 律师

L. 其他

（八）财经决策

1. 做出财务决定

请根据你不同的选择打分，其中：1= 强烈反对；2= 反对；3= 中立；4= 同意；5= 强烈同意。

序号	陈述	强烈反对	反对	中立	同意	强烈同意
（1）	在我做重要决定之前，我到处寻找金融信息，我想尽可能获得更多的知识					
（2）	我只查找能让我及时更新某些产品的信息					
（3）	我没有时间去评估提供商提供给我的所有信息					
（4）	我知道哪里可以获得我需要的解决金融问题的信息					
（5）	我知道许多关于金融方面的问题					

2. 金融服务提供者评价

请根据你不同的选择打分，其中：1= 不反映我的意见；2= 部分不反映我的意见；3= 我不在乎；4= 部分反映我的意见；5= 反映我的意见。

序号	陈述	不反映我的意见	部分不反映我的意见	我不在乎	部分反映我的意见	反映我的意见
（1）	我会选择我经常想要使用的金融服务提供者					
（2）	我会选择我目前用的金融服务提供者					
（3）	在对比所有相关方面后，我会选择表现最好的金融服务者					
（4）	我会选择那些比我了解更多的人推荐给我的金融服务					

（九）资本市场参与

（1）你的年收入用以投资的比例是多少？

A. 不设置任何收入用以投资

B. 分配年收入的 20%~40%

C. 分配大于年收入的 40%

（2）你多少岁开始储蓄或参与资本市场？

A. <30 岁

B. 30~49 岁

C. 50 岁及以上

（3）你持有投资基金的目的是什么？

A. 退休

B. 金融安全

C. 医疗急救

D. 被动收入

E. 孩子教育

F. 实现财务目标

G. 开始或拓展生意

（4）你退休后的财务资源是什么？

A. 养老金

B. 共同基金、单位信托

C. 人寿保险

D. 财产

E. 储蓄

（5）你拥有的储蓄和投资类型有哪些？

A. 房地产

B. 共同基金、单位信托

C. 人寿保险

D. 储蓄

问卷结束

三、比一比

如果你已经把财经素养的调查问卷做完，你应该对自己的财经知识有了一定的了解。你是不是很好奇与其他人相比自己掌握的知识属于什么样的水平？那么在这一部分我们将向你介绍马来西亚人完成这份调查问卷的情况。

说明：

（1）在结果分析中，我们使用“N=×××”代表样本人数；“%”代表百分比，比如：答对 N=2000 83.7%，意味着有 2000 人答对，占答题者的 83.7%。

（2）在问卷中，我们只选择符合中国国情的调查问题，如果你想获得更多关于马来西亚财经素养的情况，可以参考 *Financial Capability & Utilization Of financial Advisory Services in Malaysia* 的分析。

（一）基本信息

该研究收集了 2000 份有效的调查问卷，其中被调查者的基本信息如下：

（1）你的性别是什么？

A. 男——46%

B. 女——54%

（2）你是：

A. 马来西亚人——64%

B. 华侨——27.9%

C. 印度人——5.9%

D. 其他——2.2%

（3）你的婚姻状况是什么？

A. 已婚——55.3%

B. 未婚——44.7%

（4）你的年龄是属于以下哪个年龄段？

A. < 20 岁——9.9%

B. 20～29 岁——31.7%

C. 30～39 岁——24.7%

D. 40～49 岁——15.3%

E. > 49 岁——18.4%

（5）你的月收入是多少：

A. > 15000 元——4.8%

B. 12000～15000 元——3.3%

C. 8300～12000 元——9.4%

D. 5000～8300 元——25.5%

E. < 5000 元——57%

（6）你的教育程度是：

A. 小学——4%

B. 中学——55%

C. 高等教育——40.8%

（7）你家里有多少个家庭成员？

A. ≤ 4 个——45%

B. 5 ~ 6 个——34.8%

C. ≥ 7 个——20.2%

（二）社会经济信息

（1）目前，你是否自有房子或拥有家庭自有的房子？

A. 非自有——63.1%

B. 自有——36.9%

（2）你的月收入用于储蓄所占的比例是多少？（注释："1% ~ 10%" 表示你的月收入用于存蓄占的比例是 1% 到小于 10%）

A. 0——26%

B. 1% ~ 10%—— 55.3%

C. 10% ~ 20%——13.5%

D. >20%——5.2%

（3）你资产负债率的情况如何？

A. 资产价值 = 负债——22%

B. 资产价值 < 负债——52.5%

C. 资产价值 > 负债——25.5%

（4）你认为你目前的收入水平怎么样？

A. 足以满足大多数事情——16.9%

B. 够用并且能存点钱——23.6%

C. 只能满足基本需求——47.2%

D. 不够用——12.3%

（5）如果你有贷款或负债，那这些贷款或负债属于以下哪种类型？（可多选）

A. 分期付款购买——36.2%

B. 教育贷款——33%

C. 房贷——29%

D. 个人贷——26.3%

E. 信用卡或其他信用方式——19.6%

F. 投资贷款——10.5%

G. 商业贷——7.7%

（三）资本市场知识

（1）假设，你的一位朋友继承了 10 万元，他的兄弟姐妹从现在起的 3 年后才能继承 10 万元。那谁更富有？

解释：正确答案：我的朋友。其中答对比率 41.2%（N=824）；答错比率 58.8%（N=1176）。

A. 你的朋友——41.2%

B. 他的兄弟姐妹——29.4%

C. 同等富有——15.8%

D. 不知道——13.6%

（2）假设到 2025 年，你的收入翻番，同时物价也翻番。那么，在 2025 年你的收入能卖多少东西？

解释：正确答案：跟现在一样。其中答对比率 44.2%（N=885）；答错比率 55.8%（N=1115）。

A. 比现在多——15.5%

B. 一样多——44.2%

C. 比现在少——15.8%

D. 不知道——10.5%

（3）当投资者在不同资产之间分配资金时，赔钱的风险是增加还是减少？

解释：正确答案：减少。其中答对比率 54.9%（N=1098）；答错比率 45.1%（N=902）。

A. 增加——25.2%

B. 减少——54.9%

C. 不变——5.1%

D. 不知道——14.8%

（4）通常，哪种资产随着时间的推移呈现最高波动？

解释：正确答案：股票。其中答对比率 65.6%（N=1311）；答错比率 34.4%（N=689）。

A. 储蓄账号——11.9%

B. 单位信托——11.2%

C. 股票——65.6%

D. 不知道——11.3%

（5）股票通常比单位信托风险更大？

解释：正确答案：是的。其中答对比率 81.8%（N=1636）；答错比率 18.2%（N=364）。

A. 是的——81.8%

B. 不是——18.2%

（四）财经素养测试

序号	陈述	正确	答对	答错
（1）	有时候，消费可以高于收入	错	N=326 16.3%	N=1674 83.7%
（2）	购物清单帮助我们控制我们的开支	对	N=1869 93.5%	N=131 6.5%
（3）	先存款后消费	对	N=1853 92.7%	N=147 7.3%
（5）	还款期越长，整体贷款成本越低	错	N=438 21.9%	N=1562 78.1%

续表

序号	陈述	正确	答对	答错
（6）	债务不能继承	对	N=776 38.8%	N=1224 61.2%
（7）	所有类型的投资都是有利可图的，风险也很低	错	N=1630 81.5%	N=370 18.5%
（8）	所有的投资都是合法的	错	N=1485 74.3%	N=515 25.7%
（9）	投资所得的利润无需交税	错	N=639 32.0%	N=1361 68.0%
（10）	个人需要节省至少 10%的费用用于紧急情况	对	N=1773 88.6%	N=227 11.4%
（11）	一个人可以依靠他的养老金的储蓄维持退休后的生活	错	N=1124 56.2%	N=876 43.8%
（12）	如果我的养老金不足，我将继续工作	对	N=1622 81.1%	N=378 56.2%
（13）	个人退休方案仅适用于政府雇员	错	N=1548 77.4%	N=45 22.6%
（14）	退休后，我们可以依靠孩子	错	N=1689 84.5%	N=311 15.5%
（15）	如果我有能力承担风险，我不一定必须购买保险	对	N=861 43%	N=1139 57%
（16）	所有类型的风险都可以投保	错	N=1196 59.8%	N=804 40.2%
（17）	每个工作的成年人必须缴纳所得税	错	N=855 42.8%	N=1145 57.2%
（18）	只有薪水的部分才需要纳税，其他收入不需要纳税	错	N=1488 74.4%	N=512 25.6%

续表

序号	陈述	正确	答对	答错
（19）	我可以通过遗嘱捐赠我的所有资产	对	N=1636 81.8%	N=364 18.2%
（20）	遗嘱一旦确立就无法修改	错	N=736 36.8%	N=1264 63.2%
（21）	只当我拥有资产，我才能立遗嘱	错	N=1264 47.8%	N=1044 52.2%
（22）	中央银行的角色仅仅是印钞	错	N=1502 75.1%	N=498 24.9%
（23）	证券交易所提供全方位的服务，包括交易、清算、存管和结算	对	N=1548 77.4%	N=452 22.6%
（24）	马来西亚证券委员会确保市场机构和持牌人的正当行为	对	N=1680 84%	N=320 16%

（五）财务能力测试

1. 金钱管理

序号	陈述	反对（N/%）	中立（N/%）	同意（N/%）
（1）	我为我的固定开支制定计划	143 7.1%	452 22.6%	1405 70.3%
（2）	我按时支付账单	172 8.6%	420 21.0%	1408 70.4%
（3）	我回顾并评估我的固定开支	177 8.8%	525 26.3%	1298 64.9%
（4）	我通常会预留一部分钱以备不时之需	186 9.3%	515 25.7%	1299 65.0%

续表

序号	陈述	反对（N/%）	中立（N/%）	同意（N/%）
（5）	我设定了具体的财务目标并努力实现目标	200 10.0%	555 27.8%	1245 62.2%

2. 计划执行

序号	陈述	反对（N/%）	中立（N/%）	同意（N/%）
（1）	我为意外开支（收入减少）做充分的准备	239 12.0%	712 35.6%	1049 52.4%
（2）	我为退休做好财务准备	287 14.4%	512 25.6%	1201 60.0%
（3）	比起实施退休计划，我更喜欢改善现在的生活标准	791 40.0%	569 28.4%	640 31.6%
（4）	做好退休计划可以保证我退休后的生活更舒适	340 17.0%	561 28.1%	1099 54.9%
（5）	除了缴纳养老金外，储蓄对我来说非常重要	112 5.6%	295 14.8%	1593 79.6%

3. 选择金融产品

序号	陈述	反对（N/%）	中立（N/%）	同意（N/%）
（1）	在做出决定之前，我会考虑来自不同提供商的几种产品、贷款、政策、账户	106 5.3%	478 23.9%	1416 70.8%
（2）	在同意、签订协议之前，我详细阅读了条款和条件	194 9.7%	423 21.2%	1383 69.1%

续表

序号	陈述	反对（N/%）	中立（N/%）	同意（N/%）
（3）	我了解各种金融产品，即我不需要咨询财务顾问或计划者	30.3%	36.7%	33.0%
（4）	我在功能和价格方面对产品进行了比较，而不是根据品牌形象做出选择	166 8.3%	475 23.8%	1359 40.2%

4. 保持知情

序号	陈述	反对（N/%）	中立（N/%）	同意（N/%）
（1）	我经常关注诸如房地产市场变化、股市和利率等金融指数	338 16.9%	737 36.9%	925 46.2%
（2）	我通过专业的建议主动寻求金融信息	454 22.7%	751 37.6%	795 39.7%
（3）	我经常了解各种金融产品	364 18.2%	733 36.7%	903 45.1%
（4）	我经常更新关于金融服务的相关知识并对金融服务作对比	245 12.3%	638 31.9%	1117 55.8%
（5）	我喜欢了解更多金融问题并学习如何解释这些信息	159 8.0%	526 26.3%	1315 65.7%

（六）金融产品信息来源

A. 理财规划师——21.7%

B. 银行——26.5%

C. 从事理财规划师工作的朋友或家人——29.4%

D. 朋友和家人——29.8%

E. 报纸——30.7%

F. 电视——34.5%

G. 网络——67.1%

（七）金融咨询服务

（1）你有理财规划师吗？

A. 有——31.9%

B. 没有——68.1%

（2）你认为以下哪个是理财规划师？

A. 银行职员——20.5%

B. 银行经理——22.3%

C. 保险顾问——24.5%

D. 财富经理——26.4%

E. 独立自主理财规划师——30.6%

（3）你更愿意谁为你提供理财规划服务？

A. 税务代理——0.3%

B. 房地产代理——1.0%

C. 注册审计师——1.2%

D. 注册会计师——2.2%

E. 单位信托顾问——4.4%

F. 独立理财规划师——3.4%

G. 银行职员——4.8%

H. 银行经理——5.1%

I. 保险顾问——5.4%

J. 财富经理——8.9%

K. 律师——3.3%

L. 其他——32.6%

（八）财经决策

1. 做出财务决定

根据不同的选择打分（强烈反对：1 分；反对：2 分；中立：3 分；同意：4 分；强烈同意：5 分），计算平均值。

（1）在我做重要决定之前，我到处寻找金融信息。我想尽可能获得更多的知识。——平均得分 3.75

（2）我只查找能让我及时更新某些产品的信息。——平均得分 3.31

（3）我没有时间去评估提供商提供给我的所有信息。——平均得分 2.98

（4）我知道哪里可以获得我需要的解决金融问题的信息。——平均得分 3.75

（5）我知道许多关于金融方面的问题。——平均得分 3.31

2. 金融服务提供者评价

根据不同的选择打分（不反映我的意见：1 分；部分不反映我的意见：2 分；我不在乎：3 分；部分反映我的意见：4 分；反映我的意见：5 分），计算平均值。

（1）我会选择我经常想要使用的金融服务提供者。——平均得分 4.42

（2）我会选择我目前用的金融服务提供者。——平均得分 3.47

（3）在对比所有相关方面后，我会选择表现最好的金融服务者。——平均得分 3.42

（4）我会选择那些比我了解更多的人推荐给我的金融服务。——平均得分 3.76

（九）资本市场参与

（1）你的年收入用以投资目的的比例是多少？

A. 不设置任何收入用以投资——11.9%

B. 分配年收入的 20%~40%——85.1%

C. 分配大于年收入的 40%——3%

（2）你多少岁开始储蓄或参与资本市场？

A. <30 岁——62.4%

B. 30~49 岁——32.6%

C. 50 岁及以上——5%

（3）你持有投资基金的目的是什么？

A. 退休——46%

B. 金融安全——45.6%

C. 医疗急救——39.9%

D. 被动收入——38.1%

E. 孩子教育——36.7%

F. 实现财务目标——35.8%

G. 开始或拓展生意——14.6%

（4）你退休后的财务资源是什么？

A. 养老金——28.6%

B. 共同基金、单位信托——31.5%

C. 人寿保险——34.6%

D. 财产——35.5%

E. 储蓄——67.4%

（5）你拥有的储蓄和投资类型有哪些？

A. 房地产——25.2%

B. 共同基金、单位信托——30.3%

C. 人寿保险——32.7%

D. 储蓄——55.6%

参考文献

[1] The Credit Counselling and Debt Management Agency.Power[M].2013.

[2] The Credit Counselling and Debt Management Agency.Money Sense Getting Smart with your Money[M].2014.

[3] 黄范章 . 东亚经济蓝皮书（2000—2005 年）[M]. 北京：经济科学出版社，2006.

[4] 环球网 . 马来西亚逼近 1997 年亚洲金融危机的边缘 [OL]，http://finance.huanqiu.com/roll/2015-08/7300224.html.2015.

[5] The Star. Malaysia's rising household debt hits new record of 86.8% of GDP [OL]，https://www.thestar.com.my/business/businessnews/2014/03/20/rising-household-debt-it-hits-new-record-of-868-of-gdp-on-loans-for-properties-and-motor-vehicles/.2014.

[6] The Star. Addicted to debt [OL]，https://www.thestar.com.my/business/businessnews/2014/11/22/addicted-to-debt-highly-leveraged-the-resilience-of-many-malaysian-households-will-be-tested-as-the/.2014.

[7] Lusardi，A.，& Tufano，P..Teach workers about the perils of debt [J]. Harvard Business Review，2009，87（11），22-24.

[8] Bank Negara Malaysia. Financial Stability Report [OL]，https://

www.bnm.gov.my/files/publication/fsps/en/2015/.2015.

[9] 马来西亚国家银行网站，https：//www.bnm.gov.my.

[10] Bankinginfo 网站，https：//bankinginfo.com.my.

[11] Insuranceinfo 网站，https：//insuranceinfo.com.my.

[12] Duitsaku 网站，https：//duitsaku.com.

[13] 马来西亚财经规划局网站，https：//mfpc.org.my.

[14] MoneyTree 网站，http：//www.moneytree.my.

[15] 中国产业信息网站，http：//www.chyxx.com.